COLLECTION MICHEL LÉVY

RÉGINA

OUVRAGES

DE

A. DE LAMARTINE

PARUS DANS LA COLLECTION MICHEL LÉVY

RÉGINA

PAR

A. DE LAMARTINE

PARIS

MICHEL LÉVY FRÈRES, LIBRAIRES-ÉDITEURS

RUE VIVIENNE, 2 BIS, ET BOULEVARD DES ITALIENS, 15

A LA LIBRAIRIE NOUVELLE

—

1862

RÉGINA

I

Il y avait, dans le corps de la maison militaire du roi, où mon père m'avait fait servir quelques années, un jeune Breton dont la beauté, la jeunesse et la cordialité forte et naïve, caractère de cette noble race, m'avaient attiré. Il s'était senti de même attiré instinctivement vers moi. Nous étions tous deux à cette époque de la vie où les amitiés se font vite; on ne raisonne pas ses attraits. On se voit, on se plaît, on se parle, on se confie réciproquement ses pensées ; si elles sont con-formés, on s'isole ensemble dans la foule, on se quitte avec peine, on se retrouve avec bonheur, on se cherche, on s'attache, on est deux. C'est ainsi que je m'étais lié fraternellement avec ce camarade de vie. Nous avions les mêmes goûts militaires et littéraires, le même sentiment de la poésie, les mêmes entraînements vers le peu de solitude que nous permettait la vie de garnison en province, ou de caserne à Paris, les mêmes habitudes de famille, les mêmes opinions de nais-sance. Il me parlait de sa mer, je lui parlais de mes montagnes. En sortant de la manœuvre, nous faisions ensemble de longues promenades rêveu-ses dans les vallées vertes, ombragées et mono-tones de la triviale Picardie. En quelques mois nous étions frères ; il savait tous mes secrets, moi tous les siens ; je n'aurais pas été étranger dans sa famille si j'avais été conduit par le hasard à sa porte, il aurait reconnu mon père, ma mère et toutes mes sœurs, aux portraits que j'avais faits de notre maison.

Le père de Saluce avait émigré en Angleterre avec sa femme, son fils et sa fille au berceau, après les premiers revers de la Vendée. Ses biens avaient été confisqués. Un grand-oncle ecclésiastique, âgé, riche et pourvu d'un emploi important à Rome dans la chancellerie du Vatican, avait appelé en Italie le père de Saluce et sa famille. Ils s'étaient établis à Rome. Le grand-oncle y était mort laissant son palais, une villa près d'Albano et une fortune considérable en argent à son neveu. Ce neveu, père de mon ami, s'était ainsi complétement dénationa-

lisé : il était devenu Romain. Au moment de la
rentrée des Bourbons en France, il s'était mis en
route pour venir y revendiquer sa patrie, son titre et la récompense de son exil. Il avait laissé à
Rome sa femme et sa fille ; il avait amené à Paris
son fils et l'avait placé dans le même corps où
j'avais été placé moi-même par mon père. De là,
il était allé en Bretagne, il avait récupéré des
bois non vendus et racheté à bas prix, d'un
acquéreur qui ne se considérait que comme dé-
positaire, le vieux manoir de ses pères. La mort
l'attendait au lieu de son berceau. En chassant
avec d'anciens amis dans ses bois paternels si
heureusement recouvrés, son cheval s'était
abattu et l'avait précipité contre un des chênes
de son avenue. Saluce était allé rendre les derniers devoirs à son père, prendre possession de
la moitié de son héritage ; puis il était revenu me

dire adieu à Beauvais, et il était parti de là, pour
rejoindre sa mère et sa sœur à Rome. Son départ
m'avait laissé profondément triste, et ce fut une
des causes qui me firent bientôt après quitter ce
métier de soldat ennuyeux en temps de paix. Mais
comme j'avais été sa première amitié avec un
jeune homme de sa patrie, cette amitié avait jeté
une profonde racine dans son cœur. Mon souvenir faisait désormais partie de sa vie. Nous entre-
tenions une correspondance intarissable ; nous vi-
vions véritablement en deux endroits à la fois,
lui où j'étais, moi à Rome avec lui. Cette correspondance formerait un volume, et elle dévoile-
rait dans ce jeune homme, mélange de Breton et
de Romain, une de ces natures mixtes curieuses
à étudier, héroïque et sauvage par le cœur, ar-
tiste et contemplative par l'imagination ; ses deux
patries incarnées dans un même homme. C'est ce

contraste qui m'attachait tant à lui, car j'en re-
trouvais un faible reflet en moi-même. Les grandes natures comme la sienne sont doubles. Don-
nez deux patries à un enfant, vous lui donnerez
deux natures. On en jugera par les fragments
des lettres de Saluce qui ont échappé aux hasards
des années et que j'ai retrouvées classées dans la
vieille armoire de la bibliothèque de mon oncle,
où je les jetais après les avoir lues et relues.

II

Tout ceci était nécessaire à dire pour faire comprendre une des courses les plus inattendues et une des disparitions les plus mystérieuses de ma jeunesse. Folie ou dévouement, peu importe ; ce qui est fait est fait, ce qui est dit est dit. Les confidences sont les confessions de l'amitié, et c'est à l'amitié aussi de les absoudre.

III

Un soir des derniers jours du mois de juillet,
en rentrant à cheval, mon fusil en bandoulière
sur mon épaule, dans la grande pelouse déserte
qui s'étend entre deux quinconces de tilleul devant la porte du château de mon oncle, je fus
très-étonné de trouver un postillon de la poste
voisine du Pont-de-Pany, qui me remit une lettre

très-pressée, écrite de l'auberge du village, en me demandant une réponse.

Sans descendre de cheval, j'ouvris la lettre et je lus. La lettre était en italien, langue que mon long séjour en Italie m'avait rendue aussi familière que ma langue maternelle. En voici la traduction :

« Deux dames venant de Rome, informées par
» le comte Saluce de *** que son ami est au châ-
» teau d'Urcy, le prient de vouloir bien se rendre
» à la poste du Pont-de-Pany, où elles l'attendent
» à l'auberge, n'ayant d'espoir qu'en lui. Leur
» nom ne lui est peut-être pas inconnu, mais elles
» sont convaincues que leur qualité d'étrangères
» et de fugitives suffirait pour leur assurer son
» intérêt et sa bonté.

» Comtesse LIVIA D***.

» Et sa nièce, princesse RÉGINA C***. »

IV

Je reconnus de suite les deux noms qui remplissaient les lettres de Saluce. Seulement je ne me rendais pas compte de leur arrivée en France, de leur séjour dans une auberge de campagne, sur une route indirecte de Bourgogne, et enfin de ce titre de fugitives qu'elles ajoutaient à leur signature. Mon oncle que les grelots du cheval du postillon avaient attiré sur le perron du vestibule, souriait d'un air de finesse et de bonté à ma physionomie étonnée et à l'attention avec laquelle je lisais et relisais cette lettre.

— Pas de mystère avec moi, me dit-il en me raillant de l'œil, les héros de romans ont toujours besoin d'un confident. J'ai connu dans mon temps les deux rôles. Je ne pense pas que ce soit le premier que ces merveilleuses beautés errantes, dont le postillon a parlé en buvant son verre de vin, viennent m'offrir ; mais tu peux me donner le second, je serai discret, c'est la vertu de l'indulgence.

— Je vous jure, lui dis-je, qu'il n'y a, dans ce message, aucun mystère qui me concerne. Vous me reprochez souvent ma mélancolie et vous en savez la cause. Mon cœur est incapable de se reprendre à aucun charme ici-bas.

Il me montra du doigt le tilleul énorme et touffu sous l'ombre duquel j'avais arrêté mon cheval.

— Tu vois bien ce tilleul, me dit-il, il est plus vieux que toi, n'est-ce pas?

— Oui.

— Eh bien, je l'ai déjà coupé cinq fois en vingt ans, et il a plus de séve et de branches que quand j'arrivai ici.

— Oui, lui répondis-je tristement, mais c'est un arbre, et je suis un homme. Essayez de lui fendre l'écorce et de lui brûler la moelle, et vous verrez s'il refleurira!

Nous rentrâmes en causant et en badinant ainsi, lui gaiement, moi gravement. Je renvoyai le postillon avec un billet, disant que le nom de mon ami Saluce était un talisman pour moi, et que je descendrais presque aussi vite que le messager au Pont-de-Pany. Je ne pris que le temps de remonter à cheval, et je galopai par un sentier dans les bois qui abrégeait de moitié la route, pour arriver avant la nuit au Pont-de-Pany.

V

Je descendis de cheval. Un courrier italien, en
magnifique livrée, me conduisit à travers la cour
vers un petit pavillon isolé donnant sur les prés et
qui faisait partie de l'auberge. Il y avait deux ou
trois chambres pour les voyageurs de distinction
que la nuit surprenait souvent à cette poste, au
pied de la montagne de Sombernon, où l'on n'ai-

mait pas à s'aventurer dans les ténèbres. Le
courrier m'annonça à une femme de chambre ou
nourrice en costume des paysannes de Tivoli,
costume qui me fit battre le cœur, parce qu'il me
rappelait Graziella. Cette femme, très-âgée,
m'ouvrit la porte de l'appartement de ses maîtresses, et j'entrai.

Je crus, en entrant et en apercevant la fou-
droyante beauté de la jeune princesse qui se leva
pour venir au-devant de moi, que mon oncle
avait raison, et que, si le cœur créait quelquefois
la beauté, la beauté aussi était capable de créer
un nouveau cœur dans celui qu'elle enveloppait
d'un tel rayon. Il faut que je tente au moins de
décrire la scène, qui ne s'est jamais effacée depuis de mon regard.

La chambre était vaste, meublée comme une
chambre d'auberge de village, de deux grands

lits à rideaux bleu-de-ciel, de vaches, de cais-
sons de voiture, de chàles et de manteaux de
voyage couverts de poussière et jetés sur les
chaises ou sur le tapis. Une seule fenêtre ouvrait
sur une large vallée de prairies; les derniers
rayons du soleil éclairaient la chambre et les figures de cette lueur poudreuse et chaude qui res-
semble à une pluie d'or sur le sommet des arbres
et des horizons. Cette lueur tombait à travers le
rideau bleu entr'ouvert, en diadème rayonnant
sur le sommet de la tête, sur le cou et sur les
épaules de la jeune fille. Elle était grande, svelte,
élancée; mais sans aucune de ces fragilités trop
délicates et de ces maigreurs grêles qui dé-
pouillent de leur carnation les jeunes filles de
seize à dix-huit ans dans nos climats tardifs du
Nord. Sa taille, ses bras, ses épaules, son cou,
ses joues, étaient revêtus de cette rondeur du

marbre qui dessine la plénitude de vie dans la statue de Psyché de Canova. Rien ne fléchissait, quoique tout fut léger et aérien dans sa taille. C'était l'aplomb, sur un orteil, de la danseuse qui relève ses bras pour jouer des castagnettes sur le sable de Castellamare. Elle était vêtue de soie noire, comme toutes les Italiennes de ce temps. Elle n'avait, sur cette simple robe, ni châle ni fichu qui cachassent ses épaules ou qui empêchassent le tissu serré de soie de dessiner, comme un vêtement mouillé, les contours du corps. La robe était très-courte, comme si celle qui la portait eût grandi depuis qu'elle était faite; elle laissait se dessiner et se poser sur le tapis deux pieds un peu plus grands et un peu moins sveltes que ceux des Françaises. Ces pieds ne portaient point de souliers; ils flottaient en liberté dans des pantoufles de maroquin jaune, revêtues de paillettes

d'acier et brodés de lisérés de diverses couleurs.
Son cou était entièrement nu; un gros camée re-
tenu par un ruban de velours noir, relevait seul
son éclatante blancheur. Soit effet de soleil effleu-
rant son front par le haut de la fenêtre, soit effet
de l'émotion et de la pudeur dont la présence
d'un inconnu et ce qu'elle avait à me dire l'agitaient d'avance, soit nature inondée de vie, toute
la coloration de sa personne semblait s'être concentrée dans son visage.

Quant à l'expression de ses yeux, d'un bleu
aussi foncé que les eaux de Tivoli dans leur abîme,
de sa bouche, dont les plis graves et un peu
lourds semblaient à la fois envelopper et dé-
rouler son âme, de cette douceur qui s'élançait
et de cette majesté naturelle qui se retenait dans
son élan vers moi, je n'essayerai jamais de la
décrire. On ne décrit pas la lumière, on la sent.

Une résille de soie cramoisie, comme les femmes
du Midi en mettent sur leur tête en voyage ou à
la maison, enveloppait ses cheveux. Mais les larges mailles du réseau, déchirées en plusieurs endroits par le frottement de la voiture, en laissaient échapper des boucles touffues çà et là, et
laissaient voir leur masse, leur souplesse et leur
couleur. Ces cheveux étaient blonds, mais de cette
teinte de blond qui rappelle le tuyau de la paille
de froment calciné et bronzé par le mois de la
canicule dans les plaines de la campagne de
Rome; blond qui est un reflet de feu sur les chevelures du midi, comme il est un reflet de glace
sur les chevelures du nord. Ses cheveux, à leur
extrémité, changeaient de couleur comme ceux
des enfants; noués au sommet de sa tête sous la
résille par un ruban de feu, ils formaient une espèce de diadème naturel sur lequel brillait le soleil.

Telle s'avançait vers moi la princesse Régina.
Je ne savais s'il y avait plus d'éblouissement que
d'attendrissement dans ses traits. Je restais immobile et comme asphyxié d'admiration.

VI

A côté d'elle, sur un matelas étendu à terre et recouvert d'une fourrure blanche tigrée de noir, reposait, la tête appuyée sur son coude, une femme âgée enveloppée d'un manteau de velours noir. Son visage, quoique affaissé et plissé à grandes rides sur les joues et vers le double menton, conservait l'empreinte d'une grande beauté

disparue, mais qui a laissé sa place visible encore sur la figure. Un nez modelé comme par le
ciseau du statuaire; des yeux noirs largement
fendus sous les arcades des sourcils ; une bouche
fléchissant aux deux bords, mais dont les lèvres
gardaient de grands plis de grâce et de force ;
des dents de nacre ; un front large et mat, divisé
par la seule ride de la pensée au milieu ; des
boucles de cheveux noirs, à peine veinées de
blanc, sortant à grandes ondes d'une résille
brune, et enroulées comme des couleuvres sur
le creux de ses tempes; un air languissant et
maladif dans les teintes de la peau, dans la langueur des poses et dans le timbre creux et cassé
de l'accent : telle était la comtesse Livia D***,
grand'mère de la jeune femme.

Elle se souleva avec effort sur le coude à mon
apparition dans la chambre; elle suivait de l'œil

la physionomie et les mouvements de sa petite-
fille, comme si l'une eût été la pensée, l'autre le
geste et la voix de cette scène. On· voyait que
toute l'âme de la mère n'était plus en elle, mais
dans son enfant.

VII

— Monsieur, me dit en italien la jeune femme, avec une voix qui tremblait un peu, et avec un timbre si sonore et si perlé, qu'on croyait en l'écoutant entendre couler des perles sur un bassin, je suis la princesse Régina, et voilà la comtesse Livia, ma grand'mère. Je sais par celui qui est votre ami et qui est pour moi tout..., que ce

nom de Saluce suffit pour toute introduction de
vous à nous et de nous à vous ; il est le nœud
de notre cœur et du vôtre. Vous savez notre
vie par ses lettres ; nous vous connaissons par
les vôtres ; il n'a pas de secrets pour nous,
vous n'en avez pas pour lui. Nous vous connaissons donc, quoique nous ne nous soyons jamais
vus, comme si j'étais Saluce et comme si vous
étiez moi-même. Supprimons donc le temps et
les cérémonies entre nous, ajouta-t-elle en s'ap-
prochant vivement de moi comme si elle eût
été ma sœur, et, en me prenant la main dans ses
belles mains tremblantes, soyons amis en une
heure comme nous le serions en dix ans. Que
sert le temps, dit-elle encore avec une petite
moue d'impatience où éclatait l'énergie de sa
volonté, que sert le temps s'il ne sert pas à s'aimer plus vite ?

En disant cela, elle rougit comme un charbon
sur lequel l'haleine vient de souffler dans le
foyer qui couve. Je souris, je m'inclinai, je bal-
butiai quelques mots de bonheur, de dévouement,
de services à toute épreuve, d'amitié pour Saluce,
qui avait eu raison de voir en moi un autre lui-
même. La vieille femme faisait, à tout ce que disait sa fille et à tout ce que je répondais, des
gestes de tête d'assentiment et des exclamations
approbatives. Régina se plaça à ses pieds, sur le
bord du matelas, et je pris une chaise sur laquelle je m'assis à une certaine distance de cet
admirable groupe.

VIII

— Eh bien, nous allons tout vous dire en deux
paroles, s'écria Régina en levant ses beaux yeux
humides sur mon visage, comme pour m'interroger ou me fléchir. Mais d'abord, reprit-elle en
s'interrompant, comme si elle eût commis une
étourderie, folle que je suis! dit-elle, j'ai une
lettre pour vous, et je ne vous la donne pas !

En disant cela, elle tira de son sein une feuille de papier pliée en cœur, et me la remit toute chaude encore de la chaleur de sa robe. Le papier n'était pas cacheté, je l'ouvris. Je reconnus la main de Saluce et je lus :

« Château-fort de ***, États romains.

« Celle qui te remettra ce papier est plus que
» ma vie. Je suis prisonnier ; mais je me sentirai
» libre si elle était libre au moins, elle. Elle va
» en France cacher son existence et son nom. Je
» ne puis l'adresser qu'à toi ; cache-moi mon tré-
» sor, et sois pour elle ce que j'aurais été pour
» celle que tu as aimée.

» Saluce. »

Je ne fus nullement surpris de cette lettre et de la prison d'État d'où elle était datée. Les lettres précédentes de Saluce m'avaient assez préparé à quelque catastrophe de ce genre. Cependant je fis une exclamation de douleur plus que d'étonnement.

— Hélas! oui, dit la vieille femme, en nous sauvant il s'est perdu, lui ! Mais patience ! le procès se jugera ; j'ai des amis encore dans les juges. La justice triomphera, je n'en doute pas.

— Et l'amour! s'écria la jeune fille en baisant un portrait qui était incrusté dans un bracelet au bras de la comtesse, et dans lequel je reconnus le portrait de Saluce.

Alors elles me racontèrent tour à tour, et souvent toutes deux à la fois, le dénoûment d'une passion dont je connaissais déjà toutes les phases par la correspondance de mon ami. Des torrents

2.

de larmes furent versés pendant ce récit par les
deux étrangères. Je retenais à peine les miennes.
Elles finirent par implorer mes conseils, ma di-
rection et mon appui, pendant l'exil auquel les
condamnait leur infortune. Si l'amitié et la pitié
n'avaient pas suffi pour me commander le plus
absolu dévouement à leur sort, la merveilleuse
beauté de Régina ne m'aurait pas laissé la fa-
culté même d'hésiter. Son regard, sa voix, son
sourire, ses larmes, le tourbillon d'attraction
dans lequel elle entraînait et subjuguait tout ce
qui l'approchait, ne me faisait sentir que le bonheur de me dévouer à la fois à un devoir et à un
entraînement. Je n'étais pas amoureux ; l'état de
mon âme, mon devoir envers mon ami captif,
m'auraient fait un crime de la seule pensée de
l'aimer. Mais j'étais bien plus qu'amoureux. Ses
regards avaient absorbé ma volonté. Je m'étais

senti pénétrer dans cette atmosphère de rayons,
de langueur, de feu, de larmes, de splendeur et
de mélancolie, d'éclat et d'ombre, qui enveloppait cette magicienne de vingt ans. Je l'aurais
suivie involontairement, comme la feuille morte
suit le vent qui court. Un ami, un sauveur, un
frère, un complaisant un esclave, un martyr,
une victime volontaire, elle pouvait tout faire de
moi, tout, excepté un amant !

Elle le voulut et elle le fit.

Je dînai avec les deux étrangères, je restai
longtemps encore après, à la fenêtre sur les prés
qu'éclairait une belle lune, à causer à voix basse
avec Régina de son amour et de mon malheureux
ami. Sa grand'mère, malade et toujours couchée
sur le matelas, gémissait et soupirait dans l'ombre de la chambre sur l'horrible perspective de
mourir à l'étranger, en laissant sa petite-fille à

la merci de l'exil ou de la tyrannie qui voulait opprimer son cœur ! Je la consolais par l'espérance de la liberté sans doute bientôt rendue à Saluce, et par mes protestations de dévouement à leur infortune passagère. Nous roulions différentes idées dans nos esprits sans nous arrêter à aucune. Enfin je les engageai à se reposer toute la matinée du lendemain au Pont-de-Pany, pour que ce repos rendît des forces à la comtesse ; je lui promis de revenir le soir du jour suivant me mettre à leurs ordres pour les suivre là où elles auraient décidé d'aller s'établir. Je dis à la grand'-mère de me regarder comme un fils, à Régina de se fier à moi comme à un frère. En retrouvant dans ma bouche les mots et l'accent de leur patrie, que j'avais conservés depuis mes longs séjours à Rome, elles croyaient retrouver leur ciel et leur nature. Je pris congé d'elles et je remon tai lentement, les yeux tout éblouis, l'oreille toute sonnante, le cœur tout troublé, les gorges creuses et sinistres qui serpentent du Pont-de-Pany au château d'Urcy. Mon oncle dormait depuis longtemps.

IX

A son réveil, je lui racontai la scène de la
veille et la résolution que j'avais prise de me dévouer aux deux étrangères. Il fit semblant de me
croire sur parole, mais je voyais bien à ses sourires qu'au fond il ne me croyait pas aussi dé-
sintéressé dans cette rencontre que je l'étais en
effet. Quoi qu'il en fût, il ne se fâchait jamais de

rien ; c'était l'indulgence de nature vieillie dans la réflexion sur l'inutilité des sévérités.

— Fais ce que tu voudras, me dit-il, voilà le tiroir de mon secrétaire ; prends-y avec mesure, mais avec liberté. Si c'est un amour, le temps le guérira ; si c'est une amitié, le temps pourra bien la dénaturer. Tu es bien jeune pour être le tuteur d'une femme aussi belle que tu dépeins ton Italienne ; prends garde au cœur ; il n'est jamais plus près de se réveiller que quand il dort !

Je le rassurai : j'avais horreur même du nom d'amour. Je lui montrai quelques-unes des lettres de Salucc. Je lui racontai toute l'histoire de la passion de ces deux cœurs prédestinés pour ainsi dire l'un pour l'autre.

Mais je m'aperçois trop tard, en recueillant et en complétant ces notes, que je n'ai pas noté l'histoire de ces deux amants. Je vais la rétablir ici,

gràce aux lettres de Saluce, qui subsistent presque toutes dans le grand coffre de papiers que
j'ai rapporté des débris de la bibliothèque
d'Urcy.

X

J'ai dit que le père et la mère de mon ami ha-
bitaient Rome depuis la fin de la guerre de la
Vendée ; ils avaient un fils et une fille. Ils étaient
riches ; ils tenaient aux États romains par leur
palais de Rome, et par des terres considérables,
mais de peu de revenu, dans les Abruzzes. Ils
avaient un fils et une fille à peu près du même

âge. Leur fille s'appelait Clotilde. Le frère et la sœur se ressemblaient comme deux jumeaux. Cette ressemblance, qui avait fait souvent le charme et le jeu de leurs parents pendant leur première enfance, devait plus tard devenir fatale à Saluce. On va voir comment.

XI

Quand leur fille Clotilde eut atteint l'âge de douze ou treize ans, le père et la mère de Saluce la mirent dans un de ces nombreux couvents de Rome, d'où les filles des maisons nobles d'Italie ne sortaient alors que pour leur mariage. Ce couvent, débris d'un plus vaste monastère de femmes, réduit par la Révolution à un petit nombre de religieuses âgées et infirmes, n'en comptait plus que trois ou quatre ; il ne comptait non plus que sept ou huit jeunes filles des grandes maisons de l'État romain. Deux seulement, parmi ces élèves, touchaient à l'adolescence, c'était Clotilde et Régina. Les autres étaient des enfants de sept à huit ans. Ce rapprochement d'âge et cette différence de patrie, au milieu de l'isolement que la supériorité des années créait entre les deux jeunes filles, devaient naturellement les resserrer plus étroitement entre elles. Elles ne tardèrent pas à contracter une de ces amitiés passionnées qui font le charme et la consolation de ces solitudes, où les cœurs neufs trouvent d'autres cœurs neufs comme eux pour recevoir et pour échanger leurs premières confidences.

Le couvent était situé dans ce quartier immense et désert de la Longara, qui s'étend de

Transtevère jusque derrière la colonnade de
Saint-Pierre. C'est une rue sans fin, dont les façades sont tour à tour des palais, des monastères
ou des maisons d'un aspect misérable, autrefois
habitées par les nombreuses familles pauvres
attachées par des fonctions aux autels, aux sa-
cristies et à l'entretien de cette basilique, capi-
tale du catholicisme. Au temps dont je parle, ces
maisons paraissaient désertes ou peuplées seulement de vieillards, de pauvres femmes et d'indi-
gents. En entrant dans cette rue, dont on com-
prenait l'antique splendeur à quelques portails
admirables d'églises, et à l'architecture délabrée
de quelques grands palais, on éprouvait une de
ces impressions que l'on ne connaît guère dans
le nord de l'Europe, une tristesse orientale, une
mélancolie dans la lumière, une consternation
éclatante qui serre le cœur sans qu'on sache

pourquoi. C'était le contraste d'un ciel bleu et
net comme le lapis se réverbérant sur des tuiles
rouges et sur des pavés brûlants, dans une solitude et dans un silence qui donnaient au jour
quelque chose de l'immensité vague et de la terreur de la nuit. Il m'est arrivé souvent de par-
courir d'une extrémité à l'autre cette longue avenue de murs brûlants, au milieu de la journée,
sans apercevoir un seul être se mouvoir dans
toute son étendue, et sans entendre un seul pas
retentir sur ses pavés. Quelques chats plaintifs
traversant précipitamment la chaussée et se glis-
sant d'une lucarne à l'autre; un âne abandonné
et chargé de son bât, broutant l'herbe entre les
fentes du seuil des palais ; de temps en temps,
un des volets, tous uniformément fermés, s'ouvrant poussé par le bras nu de quelque femme
invisible, puis se refermant sans bruit sur le vide,

ou sur le sommeil ; de longues cordes tendues
d'une fenêtre à l'autre, où les blanchisseuses
étendent leur linge et les pauvres mères leurs
haillons, pour les sécher au soleil ; au fond de la
rue, les longues ombres portées de la colonnade
de Saint-Pierre, semblables aux obscurités d'une
forêt mystérieuse de pierres ; et au-dessus, dans
le ciel, la coupole, découpant sur le fond du firmament son globe, ses galeries aériennes, et sa
dernière balustrade sous la croix ; semblable au
balcon du palais d'un dieu : voilà l'austère physionomie de ce quartier de Rome. Si une de ces
portes s'ouvre pendant que vous passez, et si
vous jetez un regard dans l'intérieur de ces de-
meures, vous voyez de grandes cours où le soleil
rejaillit sur les dalles du pavé, sur les conques
des fontaines ou sur les marbres des statues en-
caissées dans les niches des façades ; et, au fond

de la cour, de grands jardins en pente roide, coupés de gradins de marbre et plantés réguliè- rement de hauts cyprès, qui s'étendent, comme dans le jardin papal du Vatican, jusqu'aux murs de briques ébréchés et tapissés de lierre des ramparts de Rome. Telle était la Longara.

XII

Le couvent, que j'ai visité depuis avec Saluce, ne consistait plus qu'en une grande masure basse percée de sept ou huit fenêtres à plein cintre, grillées de fer, qu'un grand mur qui n'ouvrait que par une petite porte empêchait d'apercevoir de la rue. Derrière cette aile dégradée de l'ancien monastère, on voyait un monceau de ruines

3.

recouvertes à demi de végétations pariétaires, quelques murs encore debout, percés à jour, et de grandes fenêtres sans châssis par lesquelles on voyait le ciel; un jardin presque inculte montait derrière ces ruines du couvent démoli vers les ramparts par une large allée, autrefois pavée, maintenant tapissée de hautes herbes sèches; sous les murs mêmes, une autre allée transversale, et presque toujours à l'ombre, serpentait en suivant la courbe des bastions. Il y avait, aux deux extrémités, une statue de sainte verdie par l'humidité des lierres et des mousses de la muraille. C'était la promenade habituelle des religieuses et des jeunes recluses de ce couvent ruiné. En descendant vers la rue, on apercevait un long cloître extérieur dont le toit en terrasse portait sur de petites colonnes de marbre blanc. Ce cloître servait d'avenue à une petite chapelle de belles pierres jaunes comme celles de Saint-Pierre de Rome. Deux anges de marbre noir, à demi-couchés sur l'entablement du portail, et se tendant les bras, comme pour s'aider à porter un fardeau, unissaient leurs mains pour élever un calice. Les portes-fenêtres des cellules des religieuses et les cellules des deux élèves plus âgées ouvraient sur la terrasse fermée par le toit plat de ce cloître. Une statue de la Vierge, tenant son enfant comme pour l'allaiter, surmontait, sous le cloître même, une fontaine alimentée par une dérivation de l'immense chute de l'Aqua Paulina, et qui, murmurant jour et nuit sous les arcades, remplissait cette solitude du seul bruit de vie qu'on entendit dans ce silence de tous les vivants.

Tel était le monastère habité par les deux amies.

XIII

Quoique Clotilde fût plus âgée de quelques mois que Régina, le développement du corps et de l'âme, plus rapide dans les jeunes filles du Midi, toutes couvées qu'elles soient à l'ombre, avait effacé toute distance entre elles. Leurs pensées et leurs sentiments étaient au même niveau que leurs fronts. A peine avaient-elles passé quelques semaines ensemble, que leurs impressions naissantes s'étaient échangées entre elles comme entre deux sœurs qui auraient sucé le même lait au sein de la même mère. Leurs familles, sans être dans des rapports de société habituelle, se connaissaient de noms et se rencontraient dans les mêmes salons de cardinaux ou de princes romains. Quand la mère de Saluce venait visiter Clotilde au parloir, elle demandait à voir aussi Régina. Quand la grand'mère de Régina, la comtesse Livia, venait plus fréquemment encore passer de longues heures avec la supérieure et avec sa petite-fille, elle ne manquait jamais de demander la jeune Française. Elles s'habituaient ainsi dedans et dehors à se considérer comme d'une même famille. Leur attachement l'une pour l'autre s'en augmentait. Tout leur paraissait indivisible entre elles, enfance et jeunesse, couvent et monde, éducation et vie.

XIV

On a vu, par le portrait de Régina, à dix-ne
ans, ce que devait être sa figure à quatorze ans
Quant à Clotilde, je ne l'ai jamais vue ; je ne con
nais d'elle que les portraits que son frère me fai
sait souvent de sa figure, et par la prodigieuse
ressemblance qu'elle avait, disait-il, avec lui. Il
me la dépeignait comme une jeune fille plus ita-

lienne de nature et de traits que Régina elle-
même, aux yeux noirs, au front pâle, aux cheveux lisses et foncés, aux lèvres sérieuses, à l'expression pensive et ferme ; mûre avant l'âge,
triste avant la douleur, éloquente avant la passion, un pressentiment incarné de la vie, de l'a-
mour, de la mort, l'ombre d'une statue projetée
par le soleil sur la dalle d'un tombeau du Vatican.
Son regard, me disait-il, creusait ce qu'il regar-
dait ; sa parole sculptait, au contraire, ce qu'elle
avait vu ou imaginé. Elle se gravait ainsi elle-
même dans la mémoire de ceux qui l'avaient
vue une seule fois, comme s'il y avait eu une
magicienne dans la jeune fille. Mais cette magie,
ajoutait-il, n'était pas de la terreur, c'était de
l'attrait ; on l'adorait en l'admirant.

XV

Elle était déjà dans le monastère depuis quelques mois, lorsque Régina y fut amenée par sa grand'mère pour achever son éducation. Régina, gâtée et adulée jusque-là par sa grand'mère, et effrayée par le costume et par la vieillesse des religieuses, se jeta naturellement d'instinct dans l'idolâtrie de sa seule compagne Clotilde. Les distractions des études de femmes dans un cloître à demi-désert d'Italie n'étaient pas de nature à occuper beaucoup les heures et les imaginations actives de deux recluses de leur âge. On sait ce qu'était alors la vie de ces couvents : des cérémonies religieuses plus propres à fanatiser les sens qu'à édifier les âmes, des parfums, des tableaux, des fleurs, des musiques dans la chapelle; des livres mystiques, des processions, des rosaires sans fin et sans idées, des pratiques enfantines, des coutumes austères, des recueillements extérieurs, des méditations marquées au cadran à différentes heures du jour; un peu de musique et de poésie sainte enseignée aux élèves par des maîtresses affiliées à la maison ; de lentes promenades dans l'enceinte cloîtrée, de longues solitudes imposées aux novices dans leurs cellules; la diversion de quelques visites de dignitaires de

l'Église, protecteurs du couvent ; les sermons fa-
miliers de quelques prédicateurs célèbres de la
paroisse au carême et aux avents ; la monotonie
dans le vide, l'importance dans le rien, un sen-
sualisme pieux sanctifié par le mysticisme : voilà
l'éducation de l'Italie et de l'Espagne alors. Il n'y
avait pas de noviciat plus propre à annuler toutes
les facultés raisonnables, et à en allumer ou à en
égarer une seule : l'imagination. Aussi était-ce
l'effet ordinaire de ces réclusions des jeunes filles.
Piété dans les habitudes, vide dans l'esprit, passion dans le cœur. Telles sortaient de là ces véritables orientales de l'Europe, pour entrer, de
l'ignorance et de la puérilité des cloîtres, dans la
liberté et dans la volupté de la vie.

Mais Clotilde, avant d'entrer par circonstance
dans ce couvent, à cause d'une absence de son
père et d'une maladie de langueur de sa mère,

avait reçu déjà, dans la maison paternelle, une
éducation très-supérieure à cette ombre d'éducation cloitrée. Son père, sa mère, une gouvernante
lettrée amenée par eux d'Angleterre à Rome, lui
avaient enseigné de bonne heure, et presque au-
dessus de la mesure de son âge, tout ce qui com-
pose, à Paris ou à Londres, l'éducation d'une
jeune fille accomplie. Elle avait étudié l'histoire ;
elle avait reçu les principes des arts; elle avait
lu, par fragments, les grands poëtes traduits de
l'antiquité; elle parlait trois langues sans les
avoir apprises autrement que par l'usage, le français, l'anglais, l'italien. Elle avait entendu, chez
son père et chez sa mère, les entretiens sérieux
des hommes distingués de ces trois nations, entretiens que les enfants n'ont pas l'air d'écouter,
mais qu'ils retiennent. Les émigrés français
eux-mêmes étaient des novateurs audacieux en

comparaison des idées et des mœurs de l'Italie cloîtrée. Clotilde, quoique pieuse comme sa mère, planait, toute jeune qu'elle était, sur l'ignorance et sur la puérilité des dévotions de son cloître.

Elle avait apporté au couvent quelques volumes de choix de ses meilleurs livres d'éducation anglais et français, que les religieuses romaines avaient admis sans les comprendre, et dans lesquels elle s'instruisait ou se charmait elle-même, pour se préserver de l'oisiveté et de la contagion de commérages de ce petit monde séquestré de toute idée. Son exemple et sa conversation instruisaient plus Régina que les fastidieuses leçons de ces religieuses, ignorantes comme des enfants en cheveux blancs.

Clotilde avait éprouvé pour Régina, au premier coup d'œil, la même inclination naturelle qui avait entraîné Régina vers la jeune Française. La merveilleuse beauté de l'Italienne avait été comme un rayon flottant sur les murs de sa cellule; son cœur avait bientôt suivi ses regards. La beauté, surtout quand elle est composée de ce mystère qu'on appelle charme, ne darde pas seulement du front de là femme dans le regard de l'homme: elle impressionne différemment, mais elle impressionne aussi les yeux et le cœur entre de jeunes beautés du même sexe; elle produit chez les hommes l'amour, chez les femmes l'admiration et l'attrait de l'âme. La beauté est un don inconnu et une puissance magique. Il n'est permis à aucun être vivant d'y échapper. Être belle, c'est régner.

Ces deux jeunes filles sentirent l'une par l'autre cette puissance occulte de la beauté diverse, mais éclatante chez toutes deux. Cette diversité même, ou cette opposition de beauté, concentrée dans Clotilde, rayonnante, transparente, explosive pour ainsi dire dans Régina, fut, peut-être à leur insu, une des causes qui les attira davantage l'une vers l'autre. Les contrastes s'attirent, parce qu'ils se complètent. Leur amitié devint l'unique sentiment d'existence qu'elles eussent ainsi dans cette solitude. Les petites filles qui venaient après elles étaient trop enfants, les religieuses étaient trop avancées en âge et trop submergées dans leurs minuties et dans leurs pratiques pour offrir aucune occasion d'aimer à ces deux âmes de quatorze et quinze ans. Elles se sentaient refoulées sympathiquement l'une contre l'autre, et elles s'en réjouissaient intérieurement; car, bien qu'innocentes contre leurs cœurs, leur amitié était jalouse; elles auraient été malheureuses de la moindre rivalité d'affection.

XVI

Elles ne couchaient point dans le dortoir des plus petites pensionnaires ; elles avaient pour elles deux cellules laissées vides par la mort de deux des anciennes recluses du couvent, à la suite des cellules des religieuses. Les deux petites chambres n'étaient séparées que par un mur ; elles prenaient jour sur la terrasse au-dessus du cloître, en sorte que, bien que les clefs des portes de leurs cellules, qui donnaient sur le corridor, fussent retirées chaque soir par la supérieure, Clotilde et Régina n'avaient qu'à ouvrir leurs fenêtres et à faire trois pas, à pieds nus, sans bruit, sur les dalles de la terrasse, pour passer de l'une chez l'autre, et prolonger longtemps dans la nuit les lectures, les entretiens ou les rêveries qui les avaient occupées le jour.

La règle de la maison les obligeait à se coucher à huit heures, même l'été, au moment où la lune et les étoiles donne le plus d'attrait au spectacle du firmament, et où la brise rafraîchissante qui souffle à cette heure-là des gorges de Tusculum, de Laricia ou de Tibur, commence à frissonner dans les flèches à peine ondulante des cyprès.

C'était précisément l'heure où les âmes des deux jeunes amies commençaient à s'éveiller et

à s'agiter aussi, après l'affaissement des heures
brûlantes du jour, et où elles éprouvaient le
besoin de respirer à la fois des frémissements de
feuillage, des murmures de fontaines, et ces rêves
à deux ces délicieux dialogues à demi-voix qui
doublent la vie en la refletant.

Aussi, presque tous les soirs, aussitôt que les
religieuses enfermées dans les cellules voisines
avaient achevé les dernières dizaines de leurs
rosaires et éteint la lampe de leur prie-Dieu, l'une
des deux amies se levait doucement, poussait sans
bruit sa fenêtre et passait dans la cellule de son
amie qui l'attendait. Là, assises l'une et l'autre
sur les bords de leur lit, ou sur le seuil de la
fenêtre, en face des murs noirâtres qui bornaient
d'ombres dentelées le jardin sous cette voûte étoi-
lée du ciel, au bruit éternel de la fontaine gazouil-
lant sous leurs pieds dans le cloître inférieur, elles

laissaient sonner, sans les entendre, aux églises voisines, les heures recueillies de ces belles nuits.

XVII

De quoi ne parlaient-elles pas à voix basse !
De leur tendresse toujours croissante l'une pour
l'autre, du besoin incessant de se voir et de se
revoir, de leur chagrin quand la règle de la maison ou les occupations de la journée les avaient
séparées un moment, de la similitude si complète
de leurs impressions qui leur semblaient naître

dans deux cœurs et dans deux regards d'une seule
pensée, de leurs études, de leurs poëtes, de leur
musique surtout, qui leur plaisait davantage
encore que les vers, parce que les notes plus
vagues disent plus d'infini et plus de passion que
les mots ; du ciel, des étoiles, des grandes cimes
des cyprès qui faisaient tourner lentement leurs
longues ombres autour d'eux, comme des aiguilles
de cadran qui mesurent le temps sur le sable;
des campagnes libres, des déserts peuplés de
ruines, des solitudes voilées de chênes verts et
des cascades murmurantes qui leur étaient ca-
chées par ces grandes murailles derrière les rem-
parts de Rome, des villas de leur enfance, vers
Albano ou Frascati ; du bonheur de s'y retrouver
un jour ensemble à l'époque où les vendangeurs
et les vendangeuses d'Itri ou de Fondi dansent au
tournant des chemins, où ils vont s'endormir aux

airs napolitains des *peferari* (joueurs de mu-
sette) ; enfin de leurs familles, de leurs parents,
de leurs nourrices, de leurs patries si éloignées
l'une de l'autre ; des tempêtes et des neiges, de
l'Océan, de l'Angleterre et de la Bretagne, des
châteaux cerclés de tours gothiques de ces pro-
vinces, si différents de l'éternelle sérénité des
villas ouvertes par tous les pores au soleil des
collines romaines !

Ces conversations ne tarissaient jamais et sui-
vaient, pour ainsi dire, le monotone écoulement et
le gazouillement mélancolique de l'Aqua Paulina,
qui tintait en bas dans le bassin de marbre. Leurs
têtes tournées l'une vers l'autre, leurs beaux bras
entrelacés tantôt sur les genoux de l'une, tantôt
sur les genoux de l'autre, les boucles flottantes
de leurs cheveux mêlées sur leurs épaules demi-
nues par les bouffées du vent de nuit qui caressait

la terrasse, les faisaient ressembler à deux belles cariatides de marbre blanc, accroupies sous le balcon d'une villa romaine, sur lesquelles glisse la lame, s'épaissit ou s'éclaircit l'ombre, et tombe la rosée pendant toute une nuit d'été.

Il fallait que ces nuits les eussent bien frappées elles-mêmes, puisque Régina, trois ou quatre ans plus tard, et longtemps après la perte de son amie, ne cessait pas de se les rappeler et de me les peindre dans un langage mille fois plus sonore et plus pénétré de ces émanations de la terre, du ciel et du cœur que le mien.

XVIII

Peut-être aussi ces conversations nocturnes et secrètes avec son amie ne l'avaient-elles tant frappée que parce que ce furent ces longs entretiens qui devinrent l'occasion et l'origine de son amour et de sa destinée.

On conçoit que les pensées des deux recluses devaient être, en effet, souvent reportées vers leurs deux familles. Régina ne connaissait de la sienne que sa grand'mère, dans le palais de laquelle elle avait été élevée à***, sa nourrice, son tuteur, le prince*** et quelques abbés ou monsignori, parents et habitués de sa maison, qui fréquentaient à Rome ou à*** les salons de la comtesse de Livia. Mais Clotilde avait un père, une mère, un frère surtout, compagnon et ami de sa première enfance, maintenant relégué dans sa première patrie. Elle adorait ce frère, elle en parlait sans cesse à son amie, qui ne se lassait jamais de ramener l'entretien sur lui. Elle voulait savoir son âge, sa figure, sa taille, ses traits, son caractère, la couleur de ses yeux et de ses cheveux, jusqu'au son de sa voix et aux habitudes de ses gestes.

Clotilde lui disait :

— Je n'ai pas besoin de te faire et de te refaire sans cesse son portrait. Regarde-moi : jamais la nature n'a fait deux êtres plus parfaitement sem-

blables de visage, de cœur et d'âme, que mon frère
et moi. Nous avons été portés dans le même sein,
par la même mère, à peu près dans le même temps,
au milieu des mêmes pensées de malheur, de proscription, d'exil, qui attendrissaient et assombris-
saient le même cœur; nous sommes nés dans les
mêmes climats nuageux, au bord et au bruit des
tempêtes du même Océan; nous avons erré ensemble dans les mêmes berceaux. Sur les mêmes
vagues, cherchant et perdant tour à tour les mêmes asiles, nous avons passé ensuite ensemble
dans ces mêmes palais et dans ces mêmes villas de
Rome, devenue notre troisième patrie, nous y
avons épanoui ensemble comme deux plantes fri-
leuses transplantées au Midi, nos corps, nos yeux,
nos âmes à ton beau soleil; nous y avons cependant nourri toujours ensemble les souvenirs loin-
tains de nos premiers ciels et de nos premières

infortunes, en sorte que nous avons l'un et l'autre conservé quelque chose de l'ombre triste et froide de la Bretagne, dans le rayonnement extérieur de ton Italie. Romains par les sens, Bretons par le cœur, tièdes comme notre nouveau ciel, sévères comme notre ancien sol, rêveurs comme ces nuits, graves comme nos brumes, voilà mon frère et moi au dedans. Quant à l'extérieur, du moins lorsqu'il avait seize ans et qu'il partit pour la Bretagne, s'il avait revêtu mes vêtements, et que j'eusse revêtu les siens, notre mère elle-même aurait eu de la peine à nous reconnaître. Je suis son ombre et il est mon miroir. Mais l'âge à présent aura dû le changer un peu. Dieu ! que je voudrais le revoir, sur son beau cheval noir et sous ses armes dont il m'écrit de si vives descriptions, avec cet enthousiasme militaire de nos Bretons pour son nouveau métier.

— Et moi donc, disait Régina, que je voudrais
le voir! Il me semble que c'est encore toi que je
verrais, que je l'aimerais comme je t'aime, que
je lui parlerais comme je te parle, et que je ne
serais pas plus intimidée avec lui qu'avec toi.

Et les deux amies s'embrassaient et se mettaient
à rire et à rêver tout bas, de peur que le bruit de
ces conversations ne réveillât les religieuses.

XIX

La vérité, à ce que m'a dit plus tard Régina,
quand elle eut l'âge de sonder de l'œil son propre
cœur, c'est qu'en adorant Clotilde elle aimait déjà
deux êtres en elle sans s'en douter, son amie et
le frère de son amie, qui se confondait dans son
imagination avec elle tellement, qu'il lui était
impossible de séparer les deux images, tant est

puissante, dans une imagination solitaire qui ne se nourrit que d'une seule idée et d'un seul sentiment, la répercussion continue d'un seul être aimé sur le cœur! Régina dédoublait dans sa pensée son amie pour l'aimer davantage en aimant son frère dans elle, et elle encore dans ce frère absent! Je n'aurais jamais cru à ce phénomène qui dédouble et double l'être aimé, et je l'aurais pris pour une conception imaginaire de poëte, si je ne l'avais pas vu de mes yeux dans l'âme de Régina.

XX

Deux années s'écoulèrent ainsi pour les deux
compagnes de solitude sans varier en rien leur
existence, si ce n'est en accroissant chaque jour
la tendresse qu'elles avaient l'une pour l'autre,
en développant leur âme, en achevant et en mû-
rissant leur beauté. Clotilde touchait à dix-huit
ans et Régina à seize. La mort de la mère de

Clotilde, à la suite de sa maladie de langueur, plongea sa fille dans une douleur sourde et lente qui la consuma dans les bras de Régina. La nouvelle de la perte de son père et l'absence forcée et prolongée de son frère achevèrent d'évaporer une vie qui s'était concentrée dans ces trois pensées, et qui ne tenait plus à la terre que par une racine. Cette dernière racine allait être tranchée aussi. On annonça au couvent que Régina allait en sortir pour être fiancée au prince de***, parent et ami de son tuteur.

En effet, la comtesse Livia vint retirer du couvent sa petite-fille pour la garder quelques mois chez elle, dans sa villa de F... Les deux amies ne pouvaient s'arracher des bras l'une de l'autre. Régina jurait à sa grand'mère qu'elle préférait se faire *monaca* pour le reste de sa vie à la douleur de quitter pour longtemps son amie malade. On lui

promit que l'absence ne serait pas longue, que le
mariage serait ajourné à deux ou trois ans de là;
elle fut enlevée, presque de force, par la comtesse
Livia, par ses femmes et par sa nourrice. Les
portes du couvent se refermèrent sur la pauvre
Clotilde. Sa cellule lui parut une nuit funèbre,
une tombe anticipée, un silence éternel, aussitôt
que le rayon, la vie et la voix de Régina en eurent
disparu. Aux premiers jours de novembre sa langueur redoubla, la fièvre la prit, ses joues se
colorèrent pour la première fois des teintes du
soleil couchant sur les feuilles transies du ceri-
sier; elle expira en appelant son amie et son
frère. J'ai vu sa tombe, avec ce nom français
dépaysé dans la mort, au milieu de tous ces noms
de religieuses ou de novices de l'Etat romain.

XXI

Régina, à qui on avait voulu épargner ce spectacle et ce désespoir, ne fut instruite que peu à
peu, et longtemps après qu'elle n'était plus, de
la mort de sa chère Clotilde. La fougue de sa
douleur éclata en cris et en sanglots qui firent
craindre pour ses jours. La première explosion
de la première douleur, dans une âme où tout

sentiment était passion, faillit emporter la vie
elle-même. Sa grand'mère fut obligée de l'envoyer à Naples pour containdre ses yeux et son
âme à se distraire forcément d'une seule pensée
par la diversité des aspects et par l'agitation des
séjours et des heures ; mais elle ne vit rien que
l'image de Clotilde entre elle et toute la nature.
Son linceul était étendu sur la terre et sur la
mer. Le monde entier ne contient jamais que ce
qu'on y voit intérieurement. On eut de longues
et sérieuses inquiétudes ; mais sa jeunesse et sa
sève de vie surabondante et toujours renouvelée,
que rien ne pouvait longtemps corrompre ni
tarir, l'emportèrent sur son âme même. Elle
vécut et embellit encore dans le deuil, qu'elle
voulut porter, comme pour la perte d'une sœur.
Elle se couvrit, comme de reliques de tendresse,
de tous les bijoux, de tous les cheveux, de tous

les ouvrages de main que Clotilde avait échangés
avec elle pendant leur longue et tendre intimité
du couvent. Colliers, bracelets, pendants d'oreilles, anneaux, boucles de ceinture, agrafes, co-
rail ou perle, tout était Clotilde encore dans ses
cheveux, autour de son cou, sur sa poitrine, à
ses bras, à ses doigts ; tout était Clotilde, surtout
dans son cœur. Elle avait mêlé ce nom comme
un talisman à son chapelet ; elle le prononçait
dans toutes ses prières, comme une invocation
idolâtre à quelque créature divinisée qui lui était
apparue sur la terre au commencement de son
pèlerinage, et qui devait avoir une influence céleste encore sur sa destinée. Clotilde était le
sursùm corda perpétuel de cette jeune fille. Sa
grand'mère, aussi simple que bonne, ne contra-
riait aucun des caprices de la douleur, s'associait
à toutes ces pratiques du culte, à la mémoire de

l'amie tant adorée de son enfant, et faisait dire
par centaines des messes à toutes les chapelles
pour le repos de l'âme de cette pauvre jeune
Française, qu'aucune mère et qu'aucune sœur
ne pleuraient ici-bas dans sa patrie.

XXII

A la fin et tout à coup, Régina changea de visage, et parut, on ne sait comment, intérieurement calme et comme à demi-consolée. Elle m'a raconté elle-même comment s'opéra soudainement en elle ce phénomène, qu'elle appelait, comme toutes les Italiennes, un miracle de la Madonna du Pausilippe.

— Un soir, me disait-elle, je descendis de calèche, aux sons de la cloche qui appelait les passants à une bénédiction, devant une petite chapelle voisine de la grotte du Pausilippe. Nous y entrâmes, ma grand'mère et moi, pour faire nos prières. Je n'avais jamais été si triste que ce jour-là; j'étais découragée de vivre dans un monde qu'elle ne partageait plus avec moi; je me disais : Que m'importent ce beau pays, ce beau ciel, cette belle mer et ces montagnes, et ces monuments, et ces théâtres, et ces regards de la foule, et ces cris d'admiration quand je passe en voiture découverte dans les rues? Elle n'est plus là pour participer à rien de tout cela avec moi; j'aime mieux sa pensée dans le ciel que l'admiration de toute la terre! La terre est vide depuis qu'elle n'y est plus. Je pleurais, en me cachant, le plus que je pouvais, de ma grand'mère, sur mes mains jointes, devant le saint sacrement.

Et, tout à coup, j'entendis, non pas en idée, mais en moi, à mon oreille intérieure, comme je vous entends, j'entendis une voix qui me dit :

» — Mais, Régina, tu rêves ; elle y est, elle y est encore. Ne t'a-t-elle pas dit qu'elle avait un frère, un autre elle-même, son frère si semblable de visage et d'âme à elle, que sa mère même ne les aurait pas distingués ? Son frère, qui t'aimera comme elle t'aimait, puisqu'il est en tout pareil à elle, et qu'elle t'aimait comme jamais sœur n'aima sa sœur jumelle ? Son frère, qui respire, qui vit, qui pense, qui sent exactement et sous les mêmes traits sous lesquels elle respirait, vivait, pensait, sentait elle-même ? Son frère, dans le cœur de qui, si nous nous rencontrions jamais, je retrouverais les mêmes prédilections que je regrette en elle et que nul autre être sur la terre ne pourrait me rendre que lui !

» Cette pensée, me disait Régina, entra dans
mon âme aussi soudainement qu'entre un rayon
de soleil dans une chambre pleine de ténèbres
et dont on ouvre les volets. Elle fit apparaître
en moi mille choses que je croyais mortes et en-
sevelies avec Clotilde. Cela me sembla tellement
un miracle obtenu par l'intercession de mon
amie, que je m'inclinai de nouveau jusqu'à terre
pous remercier Dieu et ses anges, et que je baisai
le pavé d'où cette belle apparition de son frère
me semblait être sortie pour moi. C'était comme
une résurrection de ma tendresse sous une autre
forme, sous un autre être dont j'espérais être
aimée, et que j'allais moi-même pouvoir aimer
encore autant que la première.

» Ma grand'mère en sortant me vit tellement
rayonnante et transfigurée, qu'elle me demanda
ce que j'avais de nouveau dans l'âme. Je ne lui

dis pas ce que j'avais rêvé, mais je lui dis
que j'avais tant prié que les anges m'avaient
consolée. Nous allâmes ce soir-là jusque sur le
rivage de la mer à Bagnoli, de l'autre côté de la
grotte du Pausilippe, puis au théâtre Saint-Char-
les; ici, chaque murmure de la vague; là,
chaque note de la musique semblait me rapporter l'apparition, la voix, les chuchotements des
lèvres de celui que j'aimais tant. Oh! combien
j'aurais donné pour le voir! Je cherchais de loge
en loge, et dans les nombreuses têtes tournées
vers moi de ces galeries et de ce parterre, un
visage qui pût me rappeler les traits de Clotilde,
et si je l'avais trouvé, je n'aurais pas pu m'empêcher de pousser un cri.

» En quittant Naples, ma grand'mère me ra-
mena par San Germano dans son vieux château
au pied des Abruzzes. Je fus étonnée d'y trouver

mon tuteur avec le prince de*** et quelques
hommes de loi réunis qui semblaient y attendre
mon arrivée. Un air de mystère et de fête régnait
dans l'antique demeure. Le soir, des conférences
secrètes eurent lieu entre mon tuteur et ma
grand'mère. Elle s'agitait et pleurait beaucoup,
tout en affectant avec moi un air de félicitation
et de joie. Je n'ai pas le courage de vous dire le
reste.   .   .   .   .

.   .   .   .

XXIII

Ces circonstances, sur lesquelles Régina répu-
gnait à revenir, même par un mot, dans les conversations sans fin que j'ai eues avec elle plus
tard, étaient celles de son mariage, moitié sur-
prise, moitié violence, avec le prince ***. Le
prince était presque un vieillard; il était parent
de la comtesse Livia, il avait une grande fortune;

Régina devait elle-même alors en posséder une
assez considérable par l'absence d'héritiers mâles
dans la famille. La réunion de ces deux branches,
par un mariage disproportionné d'âge, devait
réunir de grandes terres sur la tête des descen-
cendants du prince *** et de Régina. La grand'
mère, qui détestait le prince ***, qui redoutait le
tuteur, qui était à la fois violente et faible,
comme les femmes âgées qui n'ont eu que des
passions, résista longtemps, puis finit par con-
sentir et livrer sa petite-fille, à condition seulement que le mariage ne serait qu'un acte d'obéissance de sa part, une espèce d'engagement futur
ratifié par un notaire et par un prêtre, mais
qu'on lui laisserait sa petite-fille à elle seule
encore trois ans. D'ailleurs, en consentant étour-
diment à se rendre avec elle dans les Abruzzes,
elle s'était enlevé à elle-même tout moyen de

résistance morale à cette union et tout moyen
d'éloignement. Elle n'était entourée que des
amis et des affidés du prince et du tuteur de
Régina. Il était trop tard pour les contredire.
Sans oser la prévenir la veille, autrement que
par ses larmes, du sacrifice dont elle allait être
la victime le lendemain, elle lui annonça, à son
réveil, la volonté de la famille. Une heure après,
Régina était mariée dans la chapelle du château
de ***. Le prince, le tuteur et leur suite tinrent
parole, et se retirèrent à Rome aussitôt après la
célébration du mariage, laissant Régina à sa
grand'mère, comme une enfant qui ne pouvait
pas encore tenir le rang d'épouse et l'autorité de
maîtresse de maison dans le palais de son mari !
Son extrême jeunesse servit de prétexte pour
colorer, aux yeux de la société de Rome, cette
réserve du vieux prince ***. Il n'y eut de changé,

dans la vie de Régina, que son nom. Au bout de quelques jours, elle avait presque oublié elle-même qu'elle ne s'appartenait plus. Il fut convenu que la jeune princesse de *** voyagerait avec sa grand'mère à Sienne, à Florence, à Naples, en Sicile, pendant les saisons d'été, et qu'elle vivrait à Rome comme pour achever son éducation dans le même couvent de la Longara où elle venait de passer son enfance. Sa grand'-mère s'y retirerait avec elle pour ne pas se séparer de son idole, qu'elle ne pouvait pas produire en public dans les salons tant qu'elle lui était laissée par l'indulgence de son mari.

Ce plan fut exécuté pendant un an tel qu'il avait été réglé.

XXIV

Tout ce que j'ai dit jusqu'ici de Régina, je ne l'ai su que plus tard par elle, mais cela était nécessaire à dire pour donner une signification à la visite inattendue que je venais de recevoir au fond des forêts de la Bourgogne, et un sens aux lettres de Saluce que j'ai conservées et dont je copie ici quelques fragments. Ces lettres donnent, pour ainsi dire, l'envers et la suite de la passion de cette enfant, passion née d'un rêve et devenue par un hasard une déchirante réalité. Je copie ici littéralement les lettres de Saluce, me bornant à quelques suppressions et à quelques corrections de style qui n'enlèvent rien à la vérité et qui n'ajoutent rien à la passion. Saluce écrivait mieux que nous tous à cette époque, quand il voulait réfléchir sa pensée ou quand il était ému. Son éducation, moitié anglaise, moitié italienne, lui donnait un accent étranger et des ressources d'expressions qui manquent trop souvent aux hommes d'une seule langue.

PREMIÈRE LETTRE

« Rome.

. . . .
. . . . » Si tu étais ici, rien ne me man-
querait. Il faut deux âmes pour embrasser
Rome ; je n'en ai qu'une, et je ne sais pas si je
l'aurai longtemps. J'ai peur qu'elle ne m'ait été

enlevée dans un regard comme à mon héros de l'Arioste, et qu'au lieu d'avoir été emportée dans une étoile, elle ne soit restée dans les deux plus beaux yeux qui aient jamais reflété ce beau ciel d'avril ici. *Ohimè!* (c'est une exclamation de langueur italienne) *Ohimè!* ma pauvre sœur ne m'en avait pas trop dit! *Ohimè!... Misero me!... Povero me!...* Toutes les interjections du *Transtevere* ne suffiraient pas à évaporer ce qui m'oppresse. Tu m'as connu peu poétique; je le suis plus que toi cette nuit, car je t'écris au lieu de dormir. Ma pensée n'est pas en moi; elle n'est pas non plus dans cette belle poésie du Guido qui me regarde, ou plutôt qui regarde le ciel du fond de cette longue galerie qu'habitait mon oncle et où il entassait ses trésors de peinture. Non, non, la poésie que j'ai vue aujourd'hui vit, marche, palpite et parle! Et quelle vie! et quelle démarche!

et quelles palpitations dans le sein! et quelles mélodies sur les lèvres! et quelles larmes transparentes sur le globe des yeux! O Guido Reni! tu as bien rêvé mais la nature rêve plus beau que toi.

» Tu dois penser que je suis devenu fou, comme cela m'est arrivé parfois, de quelque toile de Raphaël, de la Galathée, de la Farnesina, ou de quelque page de roman anglais ouvert sur ma table, et que je me fais, comme nous faisions autrefois ensemble, un philtre de caprices pour m'enivrer, quitte à briser la coupe après ou à jeter mon anneau à la mer comme le dégoûté de Samos. Non, non, non! ce n'est pas cela. C'est *elle!* Et *elle,* qui? me dis-tu. *Elle,* qui *est,* selon l'expression mosaïque! *elle,* dont je te parlais à Paris! *elle,* dont me parlait ma sœur dans toutes ses lettres; *elle,* qui m'ennuyait, tant on obsédait de ce nom et de ces perfections mes yeux et mes oreilles; *elle*, que j'appelais ma seconde sœur, tant ma sœur et elle s'étaient identifiées dans mes pensées; *elle* enfin! Tu sais maintenant qui je veux dire. Eh bien, ma sœur elle-même était aveugle, mon ami!

» Elle m'a rappelé un vers de toi dont je ne me rappelle que le sens :

« Son ombre contient plus d'électricité que le
» corps d'une autre. »

» Mais je te tiens trop longtemps en suspens; c'est que j'ai la fièvre! Tiens, *prends et lis!* comme dit Talma.

» Je ne savais plus ce qu'était devenue cette enfant-merveille dont m'entretenait sans cesse Clotilde jusqu'à la veille de sa mort. Je la croyais envolée je ne sais où, à un des quatre vents du monde, bien loin du nid. Je n'y pensais plus. Je pensais à l'âme de ma pauvre sœur envolée, celle-là, en notre absence, sans aucun doigt pour lui montrer la route, sans aucune voix chère pour l'encourager au départ! Et je me disais tous les soirs en me couchant, dans ces grandes salles où nous avions tant joué ensemble et qu'elle remplissait de sa belle voix : Il faut pourtant que j'aie le courage d'aller voir de mes yeux la pierre de la chapelle où elle a été couchée par des mains étrangères; il faut que je voie ce cloître, ces jardins mornes, cette cellule, cet horizon de cyprès, de pierres et de briques, qu'elle a vus si longtemps, en pensant à nous, et qu'elle m'a si bien et si souvent décrits qu'il me semble que j'irai les yeux fermés. Et puis, quand le jour venait, je sentais un tel serrement de cœur, un pied si résis-

tant à cette rue, que je disais : Non, pas
aujourd'hui. Je ne me sens pas assez fort, assez
calme, ou pas assez saint, pour causer de si
près avec une âme!... Deux fois même j'ai
passé par la Longara, en revenant de Saint-
Pierre, comme pour m'apprivoiser peu à peu à
l'idée, à la maison, à la tombe!... Une fois
même j'ai levé la main pour sonner à la petite
porte du couvent, puis j'ai baissé le bras et je
me suis sauvé, comme si j'avais eu peur qu'on
n'eût aperçu mon geste et qu'on ne vînt m'ouvrir. Enfin, tu sais tout ce qui se passe de con-
tradictions, d'enfantillages et de superstitions
dans nos âmes quand elles sont seules. J'ai
laissé passer un mois, puis un autre, puis la
moitié d'un autre, sans oser y aller. Mais j'avais
le projet (je dis : j'avais hier, car aujour-
d'hui je ne l'ai plus), j'avais le projet de partir

pour la Sicile, où mon père a un vieil ami
anglais qu'il m'a recommandé de voir. Je n'a-
vais pas au palais la moindre relique de Clotilde, un cheveu, un bijou, un ruban, une robe;
rien; tout était resté au couvent après sa mort,
à ce que me disait le concierge du palais de
mon père. Je ne voulais pas absolument quitter
Rome sans emporter un talisman de cet ange
sur moi. Tu sais que je ne suis pas supersti-
tieux comme les enfants de mon pays de Bretagne; mais je suis *mémoratif* et fidèle comme
eux. Dans la relique, ce n'est pas la relique que
j'aime; c'est la pensée! Je ne sais pas si la pensée ne s'incorpore pas jusqu'à un certain point
dans la chose matérielle, et ne lui communi-
que pas, non une vertu secrète, mais un signe
présent et visible de vertu! une émanation de
l'être absent qui imprime à l'objet donné en

souvenir une continuité de présence, d'amour,
de protection. Je divague, mais c'est égal, je
ne me fais pas avec toi plus surhumain que je ne
suis. Bref, je voulais une présence réelle de ma
pauvre sœur sur le cœur, au cou, au doigt, dans
mon portefeuille. Il fallait aller demander cette
relique où elle était. Je pris mon courage dans
mon désir et j'y allai.

» Mais trois heures du matin sonnent à Saint-
Pierre; je t'ennuie; c'est égal encore, je continue. Je ne puis pas dormir, il faut que j'écrive,
tu ne liras pas si tu veux.

» J'y allai donc; et quand? Y a-t-il un siècle?
En vérité, il me semble qu'il y a un siècle et que
l'image qui est en ce moment dans mes yeux,
quand je les ferme, y a toujours été. Eh bien, il
y a la moitié d'un jour et la moitié d'une
nuit! O temps! tu n'existes pas! tu n'es que le

vide de ce qui n'est pas encore, attendant ce qui doit être. Aussitôt que ce vide est rempli, il n'y a plus de temps : à quoi mesurer ce qui n'est plus?

» Donc j'allai, à deux heures après midi, par un brûlant soleil qui me faisait chercher l'ombre rapprochée des murs, et qui chassait des rues désertes toute figure humaine, sonner tout tremblant à la petite porte du couvent de ma sœur. La porte s'ouvrit comme d'elle-même et j'entrai, sans avoir vu personne, par une allée qui débouche dans la cour. Personne non plus; tout le monde faisait la sieste dans les cellules. Une main de tourière assoupie m'avait apparemment tiré d'en haut le verrou de la porte grillée. J'étais heureux de cette solitude complète; une voix m'aurait brisé le cœur; une figure quelconque se serait interposée entre l'i-

6.

mage de ma sœur et moi. Je regardais en liberté et en paix ces murs qui l'avaient enfermée, ces pavés qu'elle avait foulés, cette longue allée de cyprès qu'elle avait comptés si souvent en pensant à moi, cette fontaine qui bouillonnait sous le cloître et dont le murmure l'avait éveillée ou assoupie trois ans! La cour étincelante de soleil, et dont les dalles laissaient passer de longues herbes et des giroflées jaunes entre les interstices de pierres, avait l'air d'un *campo santo* abandonné aux végétations incultes du Midi.

» Le bruit de mes pas sur les pierres n'attira personne dans cette cour déserte, ne fit ouvrir aucune persienne aux fenêtres. Je ne savais à qui m'adresser pour parler à la supérieure et lui demander à visiter les restes de ma sœur et à emporter ses reliques. La tourière dormait

apparemment, comme les autres habitantes de
ce cloître endormi. Je m'enhardis, en attendant
un mouvement ou une voix, à jeter les yeux
sur la partie ouverte du cloître, sur la fontaine,
sur la cour, sur les jardins que n'animait le
bruit d'aucune bêche, et à faire quelques pas
dans l'enclos.

» J'aperçus enfin, à l'extrémité du cloître, une
grande porte entr'ouverte; c'était celle de la
chapelle du monastère, dont ma sœur m'avait
souvent parlé. Je pensai qu'une religieuse en
méditation dans la chapelle avait sans doute
laissé cette porte sans la refermer derrière elle,
que le bruit de mes pas l'arracherait à ses
pieuses pratiques, et qu'elle viendrait m'indi-
quer la personne du couvent à laquelle je devais m'adresser. Je fis quelques pas sous le
cloître; je trempai en passant ma main dans

l'eau du bassin qui avait tant d'années rafraîchi le front de Clotilde, j'en bus une pleine main en mémoire d'elle; je poussai le battant de la porte et j'entrai en faisant exprès résonner mes pas sous le petit dôme consacré aux dévotions des recluses. Je croyais que ce bruit ferait retourner l'une d'entre elles; mais il n'y avait personne dans les bancs. Leurs places étaient marquées par des livres de prières laissés sur la dernière étagère de leur prie-Dieu. Un petit autel au fond, décoré de fleurs artificielles plantées dans des urnes de marbre peint en or, deux ou trois tableaux de dévotion enfermés et encadrés de bois noir contre des murailles blanchies à la chaux, une balustrade de cyprès moulée séparant le chœur du reste de l'édifice, un pavé de grandes dalles dont quelques-unes étaient sculptées en bosse avec des armoiries et des figures, dont les autres ne portaient qu'une large croix carrée dessinée sur la pierre, avec un nom et une date en bas ; voilà tout. Deux rayons de soleil tombant d'aplomb par les vitraux d'un petit dôme au-dessus de l'autel traversaient perpendiculairement le fond de l'enceinte, comme deux gerbes d'eau, venaient frapper les dalles au pied de la balustrade, et rejaillissaient en lumière éblouissante à mes pieds sur une de ces sculptures. C'est à cette clarté de ciel, c'est à la lueur de ce cierge éternel, comme tu l'appelles dans tes vers, que je lus le nom de Clotilde à la date de sa mort. Je me précipitai d'abord pour embrasser de mes bras ce lit de lumière où elle reposait, où le soleil semblait ainsi la chercher pour la ranimer. Ce ne fut que plus tard et après avoir prononcé mille fois son nom, pleuré et prié sur

sa tombe, que je m'aperçus d'une différence
qui ne m'avait pas frappé d'abord entre cette
dalle et celles qui recouvraient les autres cercueils dont la chapelle semblait pavée. Elle
était de marbre, et il y avait au sommet une
poignée de fleurs encore odorantes, et qui
semblaient souvent renouvelées. Je ne fis pas
grande attention à cette distinction de culte
entre les cercueils, et je restai agenouillé je ne
sais combien de temps sur la dalle, les coudes
appuyés sur la balustrade du chœur, et le visage noyé dans mes deux mains.

» Tu sais que je ne suis pas ce qu'on appelle
dévot; mais quand on a sous les genoux le cercueil de l'être qu'on aima le plus en ce monde,
sur la tête un rayon de soleil couchant, et devant
sa pensée le problème terrible de l'éternelle
séparation ou de l'éternelle réunion, on ne le

résout pas par le raisonnement, on le résout par le cœur, mon ami : on aime, on pleure, on se fie à son amour et à ses larmes. Tout homme alors prend malgré lui la superstition de sa tendresse. S'il ne sent rien, il ne croit rien ; s'il sent tout, il croit tout. J'étais anéanti dans la vision de l'immortalité où je revoyais ma sœur, comme si elle eût fait partie de ces rayons ; je lui parlais comme si elle m'avait répondu dans cet écho de ma respiration, dans ce vide de marbres sonores. Combien de minutes ou d'heures s'écoulèrent ainsi ? Je ne le sais pas. Je crois que j'y serais encore sans ce que je vais te dire.

» (Mais, grand Dieu ! je n'ai pas commencé, et voilà un volume ! Que vas-tu penser de ma loquacité ? Pense tout ce que tu voudras ; il faut que je retrace pour moi, sinon pour toi, cette

heure, autour de laquelle dès aujourd'hui, et
pour jamais, vont graviter toutes les heures qui
me restent à vivre.)

» J'entendis un léger gémissement de gonds à
la porte; je crus que c'était le vent de l'*Ave
Maria* qui se lève au soleil couchant, et qui fait
battre les volets dans la solitude des rues de
Rome, je ne me retournai pas. J'entendis un
frôlement d'étoffe contre le mur, je crus que
c'étaient les plis d'un des rideaux des fenêtres
qui balayaient les vitres; je ne relevai pas la
tête. J'entendis des pieds légers, mais lents et
mesurés, qui semblaient s'avancer en hésitant
vers le banc de bois dont la planche supérieure,
celle où l'on joint les mains, cachait sans doute
à la personne qui venait prier ma tête inclinée
plus bas sur la balustrade du chœur. Je passai
mes doigts sur mes yeux pour, y faire rentrer

mes larmes, j'écartai mes cheveux qui me couvraient le front, et je me levai en retournant mon visage vers la porte du côté où j'avais cru entendre les pas!

» Ah! mon ami, ce ne fut qu'un éclair, une vision, une hallucination, tout ce que tu voudras; mais je vivrais mille et mille années, et je tiendrais le pinceau de Raphaël, le ciseau de Canova, le clavier de Rossini, la plume de Pétrarque, et j'écrirais, je chanterais, je peindrais, je sculpterais ma pensée pendant des milliers d'heures, que je n'essayerais pas d'égaler jamais ce que je vis dans ce rayon!

» Une jeune figure d'environ seize ans, toute vêtue de noir, comme un cyprès qui sort d'un pavé de marbre, grand, souple, élancé sur sa base, les épaules transparentes à travers un filet de sombres dentelles, les bras arrondis, la taille ondulée et déjà demi-pleine, faisant éclater l'enveloppe de soie qui se collait aux lignes de son corps, comme le tissu de lierre déchiré çà et là par la blancheur du marbre qui se colle aux genoux et aux hanches d'une statue, dans le jardin Pamphili, la tête un peu inclinée, les mains jointes par ses doigts entrelacés sur ses genoux autour d'un de ces gros bouquets de toutes nuances que les paysannes d'Albano viennent vendre à Rome, et qu'elles nattent en mosaïque de fleurs; des cheveux rattachés en deux ou trois grosses boucles sur sa tête par deux longues épingles semblables à des stylets à manches de perles. Ces cheveux blonds frappés du soleil rejaillissaient aux yeux en véritables éblouissements métalliques de gerbes d'or. Quant au visage, je n'essaie pas; j'effacerais autant de mots que j'en écrirais pour

peindre l'inexprimable; d'ailleurs il y avait
autour de tous les traits, de toutes les lignes, de
toutes les teintes de la peau, de toutes les expressions de la physionomie, une atmosphère
et comme un rejaillissement d'âme, de jeunesse,
de vie, de splendeur, tel qu'on ne voyait pas
ces traits, ou qu'on ne les voyait qu'à travers un
éblouissement, comme on ne voit le fer rouge
qu'à travers sa vapeur ignée dans la fournaise.
Ce visage transpercé de part en part par la
lumière, tant la carnation en est limpide, se
confondait si complétement avec les rayons par
la transparence et la couleur blanche et rose
du front et des joues, qu'on ne pouvait dire ce
qui était du soleil et ce qui était de la femme :
où commençait, où finissait le rayon du ciel et
la créature céleste ! C'était, si tu veux, une in-
carnation de la lumière, une transfiguration

des rayons du soleil en visage de femme, une
ombre de visage entrevue au fond d'un arc-en-
ciel de feux! Mais, bah! efface tout cela, ou ne
le lis pas; c'était ce que tu as rêvé peut-être
dans l'heure la plus amoureuse de tes inspi-
rations pour fondre d'un regard un cœur insensible dans un cœur d'homme! Ce que tu n'as
jamais pu dire; ce que Raphaël a entrevu dans
ses dernières touches, quand il devenait plus
homme et moins mystique; un visage entre la
Vierge et la Fornarina, divin par la beauté,
féminin par l'amour! de ces yeux qui, s'ils vous
regardaient jamais, attireraient sur votre âme
tout entière sur vos yeux et vos lèvres, et la
consumeraient dans un éclair! Efface encore,
ce n'est pas cela, car l'éclair foudroie, et ce
visage enlève et attire. Ce n'est pas la foudre,
non, c'est plutôt l'évaporation soudaine de l'âme

vers la divinité de l'attrait... Tiens! je brise ma plume, je maudis les mots; ce n'est rien de tout cela! c'est tout cela, et puis encore, après tout cela, [c'est elle! Prends que je n'ai rien dit.

» J'eus le temps (si le temps existe devant une pareille apparition, et je crois que non), mais enfin, j'eus ce qu'on appelle le temps de regarder de tous mes yeux extérieurs et intérieurs la ravissante figure qui s'avançait nonchalamment, les bras pendants, les regards baissés sur le pavé de la chapelle. Les statues de pierre qui étaient dans les niches derrière l'autel n'étaient pas plus de pierre que moi. Je ne crois pas que ma respiration eût soulevé une fois mon sein depuis que mon regard était attaché sur elle. J'aurais voulu qu'elle avançât toujours et n'approchât jamais. Il me semblait qu'elle portait ma vie, et que le premier cri, le premier geste, allaient faire tout disparaître et la briser dans sa fuite !

» Soit qu'elle fût trop absorbée dans sa pensée, soit que le rayon qui tombait d'aplomb du dôme à jour du petit cloître, et qui rejaillissait sur l'or et sur le marbre de l'autel, éblouît ses yeux, elle ne me voyait pas encore, bien qu'elle ne fût plus qu'à six pas de moi. Sans relever la tête, arrivée au bord de la pierre du tombeau de ma sœur, elle s'agenouilla. Elle déposa doucement le gros bouquet qu'elle portait dans ses mains sur le marbre, comme si elle eût craint que le bruit de ces feuilles de roses posées sur un cercueil ne réveillât la morte endormie. Puis elle resta un moment immobile et en silence, regardant la pierre et remuant légèrement ses lèvres, où je crus saisir le nom de notre chère Clotilde.

» Je ne puis te dire ce qui se passa en moi en voyant que je ne sais quel parenté funèbre existait entre cette âme revêtue d'un corps céleste et la mienne, et qu'avant de nous être entrevus, un sentiment commun nous unissait dans ce culte de ma sœur. Serait-ce, me disais-je en moi-même, cette Régina dont Clotilde fut si aimée? Mais Clotilde m'avait écrit, peu de temps avant sa mort, qu'elle avait perdu sa Régina, et qu'elle allait se marier avant peu au prince***. Or la charmante figure n'avait rien du costume d'une femme. Ses cheveux nus, sa robe noire, nouée sans aucun ornement, autour du cou, étaient le costume en usage aux jeunes filles romaines. Ce ne pouvait être Régina!...

» Au moment où je me demandais ainsi : qui peut-elle être? elle se releva sur un genou en relevant aussi la tête pour saluer l'autel avant de se retirer, elle m'aperçut. Elle ne jeta point de cri ; ses yeux restèrent fixes, ses lèvres en-tr'ouvertes, ses bras tendus vers moi, comme ceux d'une somnambule ; la pâleur du marbre se répandit sur ses traits, ses bras retombèrent le long de son corps, sa tête s'inclina, ses jambes fléchirent, et elle glissa sur ses genoux, assise, la main gauche appuyée sur la pierre de Clotilde pour se soutenir, et continuant à me regarder. Je m'élançai et je la soutins dans mes bras. Que te dirai-je de ce qui se passa en moi, quand je sentis le poids léger de cette femme non éva-nouie, mais affaissée sur mon cœur ?

» Je n'eus que le temps de l'emporter vers le grand air ; ce ne fut qu'un éblouissement ; elle reprit à l'instant la couleur, le mouvement, la parole. Elle se dégagea sans colère et sans brusque soubresaut de mes bras, comme si elle s'y était sentie à sa place. Elle regarda la pierre de Clotilde, puis moi, puis la pierre encore, puis moi de nouveau. On eût dit d'un peintre qui confronte un modèle avec un portrait, puis, tout à coup, s'élançant, du cœur, des yeux et du geste, vers mon visage :

» — O Clotilde, c'est lui, car c'est toi! dit-elle.

» Puis, avec une volubilité enfantine et balbutiante :

» — N'est-ce pas, monsieur, que vous êtes bien lui ? Eh bien, moi, je suis elle, je suis Régina ! Je suis son amie, sa sœur, sa fille sur la terre ! Vous le voyez, je vis encore d'elle, avec elle et pour elle ! Quand je cueille deux fleurs, il y en a une pour mes cheveux et une pour son cercueil ! Est-ce que vous ne me reconnaissez pas comme je vous ai tout de suite reconnu, vous? Mais vous ne m'avez pas fait peur : oh! non ; son fantôme ne m'effrayerait pas! Je me sens aussi tranquille à présent et aussi accoutumée avec vous que si vous étiez mon frère et moi votre sœur!

» — Oh! quels noms, mademoiselle, m'écriai-je, vous me permettez là de vous donner! Frère, sœur, ami!

» — Appelez-moi Régina, de grâce! me dit-elle en joignant ses deux mains comme pour me supplier, je croirai mieux que c'est Clotilde. Elle ne m'appelait pas mademoiselle, elle! Moi, je ne vous dirai plus monsieur, mais je vous appellerai *Saluce!*

» — Oh! Régina, lui dis-je en l'asseyant sur un des bancs du cloître et en tombant à mon tour à genoux devant elle; quoi, c'est vous? C'est vous qui m'attendiez à la place de ma sœur?

» — Oh! je ne vous attendais pas, je vous invoquais, reprit-elle en me prenant les mains dans
les siennes avec cette confiance naïve d'un enfant qui n'hésite jamais entre une décence et un
premier mouvement; oui, vous ne savez pas,
mais elle le sait, elle! (En montrant d'un doigt
étendu la pierre funèbre.) Je vous invoquais tous
les jours, là, sur cette pierre! Je disais à Clotilde : Si tu veux que je vive, renvoie-moi ton
image et ton cœur dans l'image et le cœur de ce
frère que tu aimais tant! qui te ressemblait tant!
Et elle me répondait, ajouta-t-elle avec un geste
d'affirmation surhumain : Oui. Elle me répondait : Quelque chose me disait qu'elle ressusci-
terait pour moi en vous, et que de son tombeau,
là, comme vous êtes sorti, sortiraient son image
et son amitié pour moi, sous les traits et sous le
nom de son cher Saluce!... Est-ce vrai? Me

trompait-elle en me le promettant ? Serez-vous un ami comme elle était pour moi ?

» — Oh ! c'est maintenant moi qui crois au miracle, Régina ! m'écriai-je. Un ami, un frère, un...!

» — Taisez-vous ! me dit-elle en mettant un doigt sur ses lèvres, et en couvrant sa physionomie rayonnante d'un voile qui sembla tout éteindre sur ses traits. Je suis mariée !... Je suis princesse***. Ils le disent du moins dans Rome, mais mon cœur ne me le dit pas. Depuis Clotilde, je ne l'ai donné à personne ; je l'ai gardé à moi toute seule, voyez-vous, pour le rendre à celui seul pour qui elle le voulait ! C'est elle qui vous a dit de venir, enfin, n'est-ce pas ?

» Enfin, mille choses vives, naïves, enfantines, étourdies, soudaines, inattendues, enivrantes, qu'une jeune fille de ton côté des Alpes ne di-

rait pas en dix mois, quand même elle les pen-
serait ! C'est moi qui étais interdit ! C'est elle
qui me rassurait, qui me suppliait, qui me fa-
miliarisait avec elle, comme si j'avais été sim-
plement une sœur retrouvée, une sœur plus âgée
qu'elle, et devant laquelle elle aurait eu à la
fois les élans de la tendresse et les puérilités de
l'enfance !

» Et tout cela sortait d'un regard où le ciel
étincelait sur une rosée de larmes de joie ; d'un
cœur que je voyais battre sous sa légère robe
de soie, et dont les battements m'auraient compté,
sans que je les sentisse, les heures de l'éternité !
Oh ! je m'arrête ! Je ne puis plus écrire ; je ne
puis qu'ouvrir ma fenêtre, lever les yeux vers
ces étoiles d'où ma sœur m'a envoyé ce divin
rayon sur ma vie, et regarder couler le Tibre,
qui n'a jamais emporté un pareil éblouissement

des yeux d'un mortel dans le scintillement de
ses flots ! Je te dirai une autre fois ce que je ré-
pondis.

» *P. S.* Il suffit que tu saches que cette conversation dans le jardin du cloître, les yeux sur la
tombe de son amie et de ma sœur, dans ce silence lumineux du milieu du jour, dura sans
être interrompue jusqu'à l'*Ave Maria;* que sa
nourrice, qui la cherchait vainemant dans les
jardins, vint enfin la trouver assise à côté de
moi sur le banc ; qu'elle me mena en bondissant vers cette femme qui l'adore, en me pous-
sant dans ses bras, en battant des mains et en
lui criant : « C'est lui! » qu'elle me présenta à
sa grand'mère infirme, par qui je fus accueilli
comme un fils ; qu'elle me mena dans la cellule
de ma pauvre sœur, devenue aujourd'hui la
sienne, et toute tapissée de ses souvenirs ; qu'elle

se jeta à genoux devant un portrait de Clotilde suspendu au pied de son lit, et qu'elle lui dit en le voilant : « Je n'ai plus besoin de toi; j'ai ton image vivante. Il est là ! J'y suis ! regarde-nous ! Nous allons nous aimer comme autrefois, en ton nom !

» Qu'enfin elle me raconta, avec des larmes de dépit et un air d'incrédulité, son mariage, qui ne paraissait pas l'alarmer sérieusement sur son avenir; que je passai la soirée entre la grand'mère, la nourrice et elle, dans le jardin du couvent et sur la terrasse, à parler de Clotilde; que la porte du couvent me sera ouverte tous les jours pour aller librement m'entretenir de ma sœur; que je fais partie de la famille, comme si leur chère Clotilde avait véritablement ressuscité en moi pour elles ! que j'ai les yeux éblouis, l'âme ivre, le cœur noyé de sensations !

que j'ai plus vécu dans cette soirée que dans les vingt-trois années de ma vie, et que si Dieu me disait de choisir entre un siècle à mon choix, sans elle, et la minute où j'ai vu Régina s'avancer, le bouquet funèbre à la main, vers la pierre de ma sœur, puis relever son visage vers moi dans un rayon de soleil, je n'hésiterais pas, mon ami, je prendrais la minute! elle contient plus de délire qu'une éternité! Adieu, adieu, adieu! »

DEUXIÈME LETTRE

« Rome.

. . . .

» Garde-moi ces lettres; elles me seront une trace de ma vie, qui court maintenant si vite, si nous nous revoyons jamais.

» Depuis que je t'ai écrit ma rencontre avec

l'amie de Clotilde, nous nous voyons tous les jours deux fois. Le matin quand tout repose, pendant la sieste de midi, dans la Longara, je passe à une heure convenue sous les fenêtres d'une petite aile déserte du couvent au-dessus de la porte. Il y a là un belvédère à jour dont le temps a dégradé une partie du treillis de bois qui empêchait autrefois les novices d'être aperçues des passants quand elles respiraient le frais. Régina, qui y vient seule et librement par le corridor de sa cellule, a élargi un peu, avec ses belles mains, la brèche du treillis. Elle en a fait une véritable petite lucarne, où elle passe à demi sa tête, tout encadrée des lierres et des liserons entrelacés au treillage. Elle connaît mon pas dans la rue, elle passe son bras par l'ouverture, et laisse tomber une poignée de fleurs ou seulement une feuille sèche, un grain de sable, sur ma tête; je m'arrête, elle regarde si j'ai ramassé; je passe de l'autre côté de la rue, je distingue ses beaux yeux ouverts, semblables à deux urnes bleues; de plus dans la tapisserie des fleurs grimpantes, j'entrevois ses cheveux dorés comme les filaments d'une fleur incon- nue, nous nous regardons, immobiles, en re- muant seulement les lèvres, pleines de mots muets, de confidences et de sourires emportés par le vent. Nous restons ainsi jusqu'à ce qu'une persienne importune vienne à s'ouvrir dans la façade de quelque maison voisine, ou jusqu'à ce que j'entende le pas rare d'un passant retentir à une des extrémités de la rue. Alors elle se retire, je continue mon chemin, et je rentre dans le palais de mon père avec une provision d'ivresse pour tout le jour.

» Le soir, à l'heure où les Romains sortent en

calèche pour les théâtres, le *Corso*, les *conver-sazioni*, où je ne vais plus, je suis admis par la tourière, comme un parent de la famille, dans l'appartement de la princesse, qui ne subit qu'à moitié les règles claustrales. Je trouve Régina qui m'attend sous le cloître, auprès de la fontaine ; je lui baise les mains avec le respect d'un étranger pour une femme et avec la douce familiarité d'un frère. Elle me conduit au pied du canapé de sa grand'mère ; nous causons en paix et en pleine liberté devant cette femme âgée, qui semble rajeunir à nos folles joies d'enfants heureux. Seulement elle jette quelquefois un long regard de tristesse sur Régina et sur moi, puis elle regarde à la pendule et semble penser sans nous le dire : Combien de temps durera ce bonheur? Combien y a-t-il d'heures dans deux ans ? Car c'est dans deux ans que le prince*** doit lui enlever sa petite-fille devenue sa femme.

» Quand Régina s'aperçoit de cette inquiétude et devine la pensée de sa grand'mère, elle se lève sur la pointe des pieds et arrête l'aiguille sur le cadran en regardant la comtesse Livia. « Non, non, dit-elle avec cette charmante moue italienne des lèvres d'enfant, non, grand'mère, ne pensez pas à cela ! Je vous dis que cela ne viendra jamais ! Ce vilain prince, ne m'en parlez pas ; il me fait haïr mon nom ! Je suis Régina ; je ne suis pas sa princesse ! je ne la serai pas ! Je me moque de ses *sbirri ;* mon cœur est à moi, je le donnerai à qui je veux ! » Et elle me regarde d'un air d'intelligence et en souriant, comme si, en effet, en arrêtant l'aiguille, la capricieuse avait arrêté le temps ! » . . . .

. . . .

. . . .

(Il manque ici sept ou huit lettres de Saluce,
dans lesquelles il me racontait les scènes mo-
notones de son bonheur et les développements
de la passion des deux amants.)

DIXIÈME LETTRE

« Rome.

. . . . , ...

» Tu connais la villa Pamphili. Tu te souviens peut-être qu'un jour nous y allâmes ensemble au mois d'avril, et qu'en regardant au bout des grands pins la pente de gazon qui descend vers la chaumière et qui se termine dans la plaine voilée de brumes, que transpercent seulement les arches jaunes de travertin des aqueducs en ruines, tu me disais : « C'est trop beau pour l'homme ! il n'y a que l'amour qui soit digne d'habiter là ! »

» Eh bien, prophète ! cela n'est pas trop beau; l'amour y est venu, et il a mille fois encore embelli ces scènes mélancoliques de la ville que tu appelais le jardin de l'Infini !

» Nous y venons souvent à la chute du soleil dans la Méditerranée, pendant que les Romains et les étrangers courent au Corso entre deux murs qui se renvoient la poussière. Comme la princesse*** est censée habiter le couvent, la comtesse Livia ne la promène que dans les lieux déserts, à Albano, à Tivoli, à Frascati, aux monuments, aux jardins de Dioclétien, au tombeau de Cecilia Metella, dans la campagne de la Sabine, ici, partout où il n'y a qu'elle et moi. Comme je suis peu connu à Rome, je passe, quand on nous rencontre, pour un neveu de la comtesse Livia, venu de Sicile pour servir de bras à sa tante. Mes cheveux noirs et mes traits du Midi rendent la version vraisemblable.

» Ce soir donc, nous avons laissé la vieille comtesse et la nourrice dans la calèche, sur le boulingrin de l'entrée de la villa, et nous nous sommes enfoncés, comme à l'ordinaire, Régina et moi, dans les longues allées de lauriers qui descendent à perte de vue du plateau de la ville vers la vallée. Nous étions, à cette heure que les Italiens trouvent dangereuse, les seuls habitants de ces vastes salles de verdure. Les longues murailles d'ombrages que forment les haies épaisses des lauriers taillés, les coudes des allées, les statues, les conques, les perspectives de marbre qui en interrompent, de distance en distance, l'uniformité, nous dérobaient à tous les regards. Nous étions plongés dans cet isolement et dans cette sécurité du bonheur qui fait croire que deux êtres qui s'aiment sont les seules créatures animées, les seuls points sensibles de toute la nature. Nous nous hâtions d'avancer le plus loin possible dans ces labyrinthes, pour qu'aucun autre œil que les yeux du firmament, ces étoiles qui allaient se lever, ne pussent tomber sur nous. Régina cueillait dans les gazons des fleurs d'automne, et venait me les confier en gerbes pour les rapporter à la voiture et pour en embaumer, le soir, la terrasse de sa chambre. Mes mains en étaient embarrassées. Elle courait devant moi ; elle faisait envoler les merles déjà endormis, qui traversaient les allées en sifflant et

en rasant ses mains étendues de leurs ailes bleues.
Les teintes roses des vapeurs du soir, qui flottaient sur l'horizon du côté de la mer, se réver-
béraient sur son front, sur son cou, sur ses mains,
comme un fard céleste versé du haut du ciel sur
la plus divine forme de la nature. Ses cheveux,
qu'elle relevait et qui se dénouaient sans cesse
par la course, retombaient en tresses trempées
de rosée sur sa joue et sur ses épaules. On eût dit
qu'elle sortait d'un de ces bains de Diane dont
les ondes murmuraient dans les canaux à ses
pieds. Jamais encore je ne l'avais vue si belle, et
jamais sans doute ces jardins n'avaient été foulés
par une plus radieuse image de la joie, de la
jeunesse et de l'amour. Je ne comprenais pas,
en la regardant, que la douleur osât jamais jeter
son ombre sur un pareil front. Elle me semblait
inviolable au malheur comme à la mort.

» Quand elle était lasse, elle se suspendait par ses deux mains à mon bras déjà chargé de ses fleurs, et s'y appuyait en exagérant le poids léger de son corps, pour me faire mieux sentir qu'elle était là, et pour sentir mieux elle-même l'appui que je lui prêtais. Elle s'amusait à traîner par moments ses pas, comme si elle eût été trop essoufflée pour marcher si vite ; puis tout à coup elle abandonnait mon bras avec des éclats de doux rire et des défis de l'atteindre, et s'élançait en bondissant devant moi sur le sable des allées.

» Puis elle se laissait dépasser, et me priait alors, en feignant de bouder, de l'attendre. Puis elle se rapprochait, les mains jointes sur sa robe, dans l'attitude de la langueur qui rêve, en me regardant et en paraissant rouler quelque image importune dans sa pensée. Puis elle relevait et secouait tout à coup la tête dans un mouvement de fougue et d'impatience, et s'écriait : Non! je ne veux pas y penser, Saluce, nous avons deux ans ainsi devant nous !

» — Mais comprends-tu, lui disais-je, ce que sera pour nous la vie séparés l'un de l'autre, après deux ans de cette félicité surhumaine !

» — Il y a une Clotilde au ciel, me répondait-elle alors en me montrant du doigt levé une des étoiles qu'on commençait à voir poindre dans le firmament, entre les larges parasols verts des pins d'italie. Celle qui nous a réunis saura bien nous protéger encore.

» — Penses-tu à ce que doit être pour moi la solitude du palais de mon père, après des soirées passées toutes ainsi? Oh! pourquoi, si Clotilde devait protéger cet amour, a-t-elle laissé s'interposer, entre son amie et son frère, l'ombre

8.

menaçante de cet homme, qui réclamera un jour,
au nom de la loi, ce que le cœur et la volonté ne
lui ont jamais donné ?

» Le prince ***, en ce moment, n'habite pas
Rome. Il voyage en Angleterre et en Amérique
pour étudier les améliorations agricoles à intro-
duire dans ses domaines de l'État romain. »

TREIZIÈME LETTRE

« Rome.

» Les jours et les mois passent, et rien n'a changé dans ma félicité. Voilà pourquoi je ne t'écris que si rarement; j'ai peur de t'ennuyer de bonheur. J'habite depuis quelques semaines la même maison que Régina et sa grand'mère à Tivoli.

» Les médecins ont conseillé à la comtesse Livia de respirer, pour se fortifier, l'air pur et vif des collines. Elle a loué pour quelques jours le palais*** à Tivoli. Elle m'a permis de louer moi-même un petit appartement au-dessus du sien dans le même palais. De ma fenêtre, je vois le balcon de Régina, où sa grand'mère s'assoit à l'ombre tout le jour, dès que le soleil a tourné l'angle du palais. Tu connais Tivoli. Nous sommes sur le dernier gradin de la colline, dominant le temple de la Sibylle, les grottes, les cascatelles, et cette vallée d'où le murmure et la fumée des eaux s'élèvent confondus avec les arcs-en-ciel tournoyants dans les vapeurs! Avions-nous besoin de ce vertige de plus pour donner le vertige éternel à nos âmes?

» Je vois d'ici le plateau opposé de l'autre côté de la vallée des eaux, avec les chênes verts,

les roches grises entrelacées de figuiers, et
l'ermitage des Franciscains, qui fut autrefois
la maison d'Horace, et où tu écrivis un jour tes
premiers vers! Ce souvenir de toi, au milieu
de mon bonheur, le complète. Je me figure que
tu es encore là, me regardant et te réjouissant
avec moi de ce que la fortune m'a donné pour
théâtre de mon amour un des plus divins séjours
de la terre. Quand l'âme est pleine, elle a besoin
de se répandre autour d'elle, dans une nature
aussi splendide que ses pensées. La nature est la
décoration de la vie. Vie plus heureuse, décoration plus belle, jamais! »

QUATORZIÈME LETTRE

« Rome.

» Le bonheur était trop complet pour être durable... C'est ta pitié maintenant qu'il me faut. La comtesse Livia a reçu du gouvernement l'ordre de rentrer à Rome, d'observer la vie cloîtrée du couvent avec sa petite-fille, ou de la laisser seule au couvent jusqu'au retour du prince***, qui réclamera sa femme. Cela vient des amis du prince qui ont été informés et qui se sont plaints des assiduités d'un étranger dans la famille. Les ordres de police ici sont absolus; il a fallu obéir. La comtesse a quitté Tivoli; elle est rentrée dans son palais à Rome, afin d'avoir la liberté de réclamer et de faire agir ses amis auprès du gouvernement. Régina est enfermée seule avec la nourrice dans l'enceinte du couvent. Je suis parti ostensiblement pour Florence, d'après ses conseils, pour enlever tout prétexte d'accusation et de réclusion contre Régina et la comtesse. Mais, arrivé à Terni, j'ai fait poursuivre de nuit à ma calèche la route de Florence; un jeune Napolitain de mes amis, qui va à Paris, y a pris ma place. Je suis revenu seul et sous un autre nom à Rome. Je ne suis pas rentré dans la ville, pour que mon palais vide trompât la surveillance du gouvernement. je vis caché dans une maison de jardinier, hors des murs, du côté de Saint-Paul, sur un chemin de traverse, chez le frère de la nourrice de Régina. J'ai une chambre dont la fenêtre ouvre sur la campagne, et qui me permet de jouir de la vue du verger, des prairies, sans être aperçu du chemin. J'ai des livres, du papier, des armes : je ne sors que la nuit, enveloppé d'un de ces grands manteaux bruns qui recouvrent les paysans romains, avec un chapeau de large feutre sur la tête. On me confond à la porte de Rome avec les marchands de bœufs de la Sabine ou avec les vignerons de Velletri; j'entre et je sors sans soupçons, pour aller me glisser sous les murs de la Longara. A un signal de mes souliers ferrés sur le pavé, un flambeau brille à travers le treillis de bois, une main passe, un fil armé d'un crochet de plomb descend contre le mur : j'y prends un billet de Régina, j'y suspends un billet de moi, j'entends un soupir ou mon nom prononcé à voix basse, je couvre de baisers le papier avant de le laisser remonter, je m'éloigne au moindre bruit, j'emporte mon trésor, je le lis à la clarté de la lune ou des lampes qui brûlent dans les niches des madones, je ressors par une autre porte de Rome, je regagne à travers les champs mon asile, je passe la nuit et le jour à relire, à étudier, à interpréter les lettres de Régina. Le prince***, dit-elle, est en route pour revenir en Italie. Sa grand'mère passe sa vie dans les transes et dans les larmes. Elle est décidée à protester contre le consentement imprévu qu'elle a donné à cette union, sous l'empire de la domination et de la peur. Elle se prêtera à tout pour empêcher le malheur et l'enlèvement de sa petite-fille. Elle a mis dans ses intérêts, à force d'argent et de supplications, une partie de la famille et des personnes influentes dans le gouvernement. L'opinion est partagée. Elle plaidera, elle se jettera au pieds du cardinal***. Elle a pris en horreur le tuteur de Régina et le prince***. Régina jure, dans toutes ses lettres, qu'elle se réfugierait plutôt dans la tombe de Clotilde que de se laisser livrer à un homme que son cœur repousse, et que de reprendre une vie qu'elle m'a donnée avant même de m'avoir connu. Les choses en sont là, elles ne peuvent durer longtemps ainsi.

» Oh ! que n'es-tu là pour me conseiller et pour m'entraîner peut-être ! Je sens que je vais jouer mille fois plus que ma vie : la vie et la réputation de Régina ! Mais je n'ai pour conseil que le délire dont je suis nuit et jour possédé! Ah! il vient des jours où le délire est la seule inspiration possible!

» Je t'écrirai avant peu de jours, si je suis encore libre ou vivant. » . . . .

. . . .

. . . .

XXV

Cette lettre avait été la dernière avant la catastrophe qui avait jeté Saluce au château Saint-Ange
et la comtesse avec Régina en France. Voici comment : ce drame d'amour s'était dénoué comme
ils se dénouent tous par des déchirements et par
des larmes. Régina me raconta tous les détails
que Saluce, prisonnier alors, ne pouvait plus
m'écrire.

XXVI

Saluce, par l'intermédiaire du frère de la nourrice de Régina, était parvenu à mettre dans ses intérêts un pauvre jardinier du Transtevère, leur parent, qui cultivait un petit jardin de légumes et d'arbres fruitiers sous la muraille même de la ville, qui servait d'enceinte à l'enclos du couvent de la Longara. Le gouvernement ayant ordonné à la comtesse Livia de se retirer dans ses terres des Abbruzzes, ou de se confiner dans le cloître avec sa petite-fille, la comtesse, secrètement d'accord avec Saluce et Régina, partit pour les Abbruzzes. Régina, à qui toute communication hors du couvent était désormais sévèrement interdite, fut avertie de se préparer à rentrer sous la domination et dans la maison du prince aussitôt qu'il serait arrivé. On peut juger, d'après l'énergie et l'indomptable caprice de ce caractère, ce qu'elle dut éprouver de douleur, de répulsion et de colère en se voyant réduite à sacrifier à la fois sa grand'mère, Clotilde, Saluce, sa liberté, sa mémoire, son amour, dans une même immolation d'elle-même! Elle écrivit, par l'entremise de sa nourrice, à Saluce ces deux mots : « Ou la fuite, ou la mort, avant le jour qui » m'arracherait à toi! »

Ce jour approchait. Le prince *** était arrivé.

Il n'avait pas encore demandé à voir la princesse. Il délibérait avec ses amis du gouvernement sur le moyen d'amener par la douceur et par la temporisation à l'obéissance cette imagination d'enfant révoltée. Saluce en fut informé. Il résolut de profiter de ce moment d'indécision du prince pour soustraire Régina à une tyrannie qu'elle redoutait plus que le poignard.

XXVII

Saluce se procura successivement, et sans qu'on pût remarquer leur accumulation dans le même jardin, quatre ou cinq de ces longues échelles de bois léger dont les jardiniers d'Italie se servent pour tailler les ceps de vigne, et pour cueillir les raisins des pampres enlacés et suspendus à l'extrémité des branches sur les plus hauts peupliers.

Il les démonta, il en mit à part les échelons; il ajusta et relia les montants avec de fortes cordes, et il en reconstruisit une échelle légère, solide, maniable, à l'aide de laquelle il pouvait atteindre jusqu'à la hauteur du rempart. Ce travail terminé, il fit avertir Régina, par le frère de sa nourrice, qu'il serait la nuit suivante, après que la lune serait couchée, dans la chapelle auprès du tombeau de sa sœur, et qu'elle trouverait la liberté là où il avait trouvé l'amour de sa vie.

Aidé du jardinier et du frère de la nourrice dont il avait acheté à prix d'or la complicité et le silence, à l'heure dite il monta sur le rempart, tira l'échelle à lui, la fit glisser au pied du mur dans l'allée de cyprès du couvent, descendit, se glissa dans la chapelle, y trouva Régina et la nourrice, leur fit franchir la muraille comme lui-

9.

même l'avait franchie, et laissa ses deux complices retirer, démolir l'échelle, et détruire ainsi
toute trace d'escalade et de rapt dans le jardin
du complaisant Transtévérin. Une de ces petites
voitures de paysan romain, formée de deux ar-
ceaux de bois recourbé, et voilée contre le soleil
d'un lambeau de toile, les attendait dans la cour
du frère de la nourrice de Régina. Un vigoureux
cheval sauvage des marais Pontins, acheté d'a-
vance par Saluce, était attelé à cette charrette.
Régina dépouilla ses habits de soie et prit le costume de laine d'une des nièces de sa nourrice.
Saluce était couvert de son costume romain et de
son manteau de laine brune. Il portait aux jambes
les souliers à semelles de bois et les guêtres de
cuir noir des paysans de la campagne Sabine. Il
avait deux fusils et une espingole chargée jusqu'à
la gueule, dans la paille de la charrette, sous ses

pieds. Les fugitifs, accompagnés seulement de la nourrice, prirent, quatre heures avant le jour, la route des montagnes, en suivant le plus possible les chemins les moins fréquentés. Grâce à la vigueur du cheval, ils arrivèrent le soir du lendemain à la résidence de la comtesse Livia. La comtesse, qui les attendait à toute heure, ne perdit pas un instant à jouir du retour de sa fille. Elle avait tout préparé pour l'éventualité de sa fuite. Une felouque espagnole, nolisée par les soins de son *fattore*, attendait leurs ordres à Gaëte. Ils s'y rendirent le lendemain et s'embarquèrent pour Gênes, où la comtesse avait averti par lettre son banquier de lui préparer de l'or, une voiture et un courrier.

Les adieux de Régina et de Saluce en se séparant des deux fugitives délivrées, ne furent qu'un court et heureux ajournement de leur réunion et

de leur félicité. Ils devaient se retrouver six semaines après à Paris. Mais comme la fuite de
Régina aurait pu passer pour un rapt si le nom
de Saluce y avait été mêlé, Saluce résolut de revenir hardiment à Rome, comme s'il n'en était
jamais sorti, de s'y montrer avec affectation dans
les lieux publics et au théâtre, et de démentir
ainsi, par sa présence, toute participation à
l'événement dont le public allait s'entretenir.

XXVIII

Il reprit donc la route de Rome par le même
chemin et dans le même costume qui avaient as-
suré l'enlèvement de Régina; mais, en arrivant
la nuit dans la cour de la nourrice, il trouva dans
la cour une bande de *sbires* qui l'attendaient et
qui se saisirent de lui avant qu'il fût possible de
soupçonner même leur présence. Déjà les lettres

de Régina et toutes les preuves de sa participation à l'enlèvement de la princesse, surprises dans
sa cellule, étaient dans les mains des *sbires*. On le
conduisit au palais du *Buon Governo* ou de la
police, et, après un court interrogatoire secret, il
fut enfermé au château Saint-Ange comme un
criminel d'Etat.

C'est de là que, par l'intermédiaire d'un sous-
officier suisse de la garnison du château, il par-
vint à faire tenir à Gênes, à la comtesse et à sa
fille, la lettre qu'elles m'avaient apportée.

XXIX

Je rejoignis au Pont-de-Pany la princesse et sa grand'mère, prêt à les accompagner partout où l'assistance d'un ami de Saluce pouvait les protéger contre leur isolement. Après un instant de délibération avec elles, il fut reconnu que leur séjour à Paris, sous les yeux du nonce et sous l'action d'un gouvernement lié par des rapports de déférence politique et religieuse avec la cour de Rome, avait quelques inconvénients et quelques dangers. Elles résolurent, d'après mes avis, de sortir de France et de se rendre à Genève par la route de Dijon. Dans ce pays de neutralité, rapproché de l'Italie par le Simplon et Milan, elles pouvaient plus sûrement envoyer des messagers confidentiels à Rome, en recevoir, et attendre avec plus d'isolement et de sécurité la liberté de Saluce et les suites du procès qu'elles étaient décidées à soutenir devant les juges romains pour contester la validité du mariage et recouvrer leur indépendance.

Nous reprîmes donc ensemble la route de Genève; nous y arrivâmes sans événements.

Je m'occupai, d'après leur désir, aussitôt après notre arrivée à Genève, de chercher sur les bords du lac une maison modeste, solitaire et d'un séjour agréable, où ces deux femmes, qui voulaient rester inconnues, pussent passer le temps plus ou moins prolongé de leur exil. Je ne trouvai cette maison qu'à une certaine distance de Genève, aux environs de la jolie petite ville de Nyon. Elle consistait en deux ou trois pièces au rez-de-chaussée, ouvrant sur une pelouse plantée de tilleuls, et quelques chambres basses au premier étage pour la comtesse Livia, sa fille, la nourrice et les deux femmes que je leur avais trouvées à Nyon pour les servir. Une petite chambre, dont les murs étaient de sapin, au-dessus de la maisonnette de bois du jardinier, séparée du corps de logis par un verger, me servit de logement à moi-même. Ce séjour, quoique pauvre en apparence, était délicieux. Le verger se confondait, du côté opposé au lac, avec un taillis de châtaigniers coupé çà et là de sentiers naturels de sable, où l'on pouvait s'égarer jusqu'aux montagnes. Une source descendant par un tuyau de sapin et coulant par un robinet de cuivre tombait nuit et jour avec un bruit modulé diversement, selon le vent, dans un bassin de pierre où venaient boire les vaches et les oiseaux. Devant la façade de la maison de la princesse, une colonnade de troncs de sapins coupés et replantés en terre avec leur écorce s'avançait de quelques pas sur le sable d'une allée, et recouvrait un divan de bois raboteux, où l'on apportait les coussins du salon et où la comtesse Livia passait toutes les heures tièdes du jour avec la nourrice. La pelouse, qui s'inclinait par une pente douce un peu plus loin, n'avait son horizon coupé que par deux ou trois beaux frênes jamais étronçonnés, qui semblaient sortir des flots du lac. Au delà des frênes, la pente se précipitait et allait

mourir dans les cailloux du bord, que les vagues
agitaient, quand il y avait du vent, de ce petit
bruit d'enfants qui jouent avec des pierres. Il y
avait là, au pied d'un immense saule blanc, un
banc de mousse entre les racines de l'arbre d'où
l'on voyait à gauche et en face Lausanne, Vevey,
Villeneuve, Saint-Gingolph, les gorges du Valais
et les innombrables cimes blanches de neiges
éternelles qui servent comme de degrés au Mont-
Blanc. Régina m'y entretenait sans cesse pour
me demander le nom de cette montagne, puis de
celle-ci, puis de cette autre, puis si de l'autre
côté de cette neige on était en Italie, puis si l'on
apercevait Rome du haut de ces sommets, puis
combien il y avait de jours et d'heures de marche,
en courant toujours, du pied de ces monts à la
porte du Peuple? On voyait que sa pensée ne s'as-
seyait pas un seul instant avec elle dans ce déli-

cieux séjour, et que son âme franchissait ces hauteurs plus vite que ces rayons roses sur ces neiges pour aller frapper d'une continuelle aspiration les murs noirâtres du château Saint-Ange. Elle n'avait pas d'inquiétude sérieuse sur le sort de Saluce, protégé par sa qualité d'étranger contre les sévices qui auraient pu atteindre un Romain; mais elle avait ces impatiences de la jeunesse, qui compte pour des siècles sans retour et sans fin toutes les minutes perdues pour la passion.

Je n'essayais nullement de la consoler, inconsolable moi-même d'une bien autre absence; je savais, par une expérience précoce, que le rôle de consolateur, importun, intempestif, odieux pendant que la douleur ne veut pas s'oublier elle-même, ne devient agréable et doux qu'après que la douleur est amortie et quand elle court elle-même au-devant de la consolation. Je vivais le plus possible loin d'elle, la livrant à sa propre volonté, à ses rêves, à sa solitude, à ses larmes, errant moi-même une partie du jour dans les gorges du Jura, lisant écrivant çà et là, quelques vers sur les scènes éblouissantes que j'avais sans cesse sous les yeux, et assidu seulement le soir auprès de la pauvre comtesse Livia, dont je cherchais à désennuyer les heures.

Je me fis aimer ainsi de Régina d'une amitié familière et confiante, bien plus que si j'avais apporté dans mes rapports de chaque instant avec elle un empressement et une servilité de complaisance que sa beauté et sa bonté auraient pu inspirer à d'autres. Je ne puis pas dire que je ne fusse pas ébloui d'une beauté à laquelle rien de ce que j'avais vu jusque-là en Europe ne pouvait être comparé. Je regardais cette jeune fille comme

on regarde une flamme dans les bruyères pendant
l'été, en admirant les lueurs du feu, mais sans s'y
réchauffer. Régina ne songeait pas elle-même
que j'étais jeune ; elle ne savait pas si j'étais beau
ou laid, fait pour repousser ou pour attirer les
regards ; elle savait que j'étais l'ami de Saluce,
voilà tout. Ce titre lui enlevait toute espèce de
contrainte. Il lui semblait qu'elle avait vécu dans
l'intimité avec moi depuis qu'elle avait connu
Clotilde et aimé son frère.

XXX

J'avais informé Saluce, par l'entremise d'un officier suisse de ma connaissance à Rome, de la résidence que j'avais choisie pour Régina et pour sa mère pendant leur séjour forcé loin de Rome. Il nous écrivait par le même moyen. J'ignore ce qu'il disait à Régina dans ces lettres; je les lui voyais lire et relire vingt fois par jour, tantôt avec des bondissements de joie et d'espérance dans le jardin, tantôt avec des mouvements de colère qui semblaient s'adresser au papier, et qui lui faisaient par moments jeter les lettres à terre et les fouler sous ses pieds. J'entrevoyais dans ses regards et dans ses demi-mots à table qu'elle le trouvait trop résigné à la séparation et trop convaincu des ménagements que sa tendresse même pour elle commandait à son amant pour sa séparation et pour son avenir. Que lui importait à elle sa réputation et son avenir? Elle voyait tout en lui. Mais Saluce, qui avait vécu longtemps en Angleterre, avait dans l'amour même quelque chose du sang-froid, de la réserve délicate et du sentiment presque religieux de convenance qui distingue cette société de règle et de bon sens. Il était évident qu'il ne voulait à aucun prix, même au prix de sa vie, sacrifier l'honneur, l'avenir et

la fortune de Régina à son propre bonheur, si le
procès en nullité de mariage perdu par ses hommes de loi venait à la restituer à son mari. J'entrevoyais confusément moi-même quelque chose
de cette délicatesse, peut-être un peu tardive de
sa part, dans les mots courts et tristes que je rece-
vais de lui sous l'enveloppe de ses longues lettres
à Régina et à la comtesse. Mais les lettres des
hommes d'affaires et des amis de Livia ne per-
mettaient pas un doute sur la prompte annulation
du mariage. Rien ne s'opposerait alors à ce que
Saluce recouvrât sa liberté et à ce qu'il obtint
Régina des mains d'une grand'mère qui voyait
d'avance en lui un fils.

Il y avait ainsi des alternatives constantes de
joie folle et de nuages sombres sur les traits de
Régina, selon que le courrier de Rome, adressé à
Nyon par un banquier de Genève, apportait l'es-

pérance ou la transe à ces deux cœurs. Les jours
de joie, Régina voulait courir toute la matinée
avec moi sur le sable du lac pour répandre son
ivresse dans toute cette belle nature. Les jours de
tristesse elle me fuyait et me boudait comme si
j'avais été coupable des tergiversations du sort et
des scrupules de délicatesse de son amant. Je
suivais ses caprices sans les contredire et en les
plaignant dans mon cœur. Quand la passion est
juste, elle n'est plus la passion. Le lendemain elle
revenait à moi et me faisait, par des familiarités
plus vives, les excuses muettes de son injustice.
Je supportais tout cela comme je l'aurais accepté
d'une sœur, car je commençais à avoir le pressentiment de quelque malheur pour elle. Je la
traitais comme on doit traiter les malheureux,
les malades et les enfants qui ne sont comptables
que de leurs sensations. Les siennes devenaient

tumultueuses comme l'air chargé de doutes qui commençait à peser sur elle. Le procès devait être jugé dans quelques semaines ; la correspondance retardait.

XXI

Le banquier de Genève me fit avertir en secret qu'il avait une lettre à me remettre personnellement, et qu'il lui était interdit de confier à aucune autre main. Je pris un prétexte pour me rendre à Genève, afin que Régina et sa mère ne pussent soupçonner le motif de ma course. Arrivé à Genève, je courus chez le banquier. Il me remit un paquet volumineux de Rome. Je repris la route de Nyon et je décachetai en chemin le paquet. Il contenait une longue lettre en cinq ou six feuilles pour moi et une plus courte pour Régina. Je ne devais remettre celle-ci qu'avec préparation et ménagement, et après avoir pris connaissance de celle qui m'était adressée. J'étais seul dans un de ces petits chars suisses que j'avais pris à Nyon. Je lus la mienne sans être distrait. En voici les principaux passages.

DIX-HUITIÈME LETTRE

« Rome, palazzo.

» J'ai fait mon devoir, mon ami, mais je sens
que je l'ai fait aux dépens de mon existence.
N'importe, j'ai fait mon devoir, et je sens ma
conscience qui m'approuve au milieu du déchi-
rement de mon cœur. Il y a deux êtres en moi,

dont l'un a immolé l'autre. Tout est fini, Régina est libre; elle peut maintenant revenir à Rome avec sa pauvre comtesse, rentrer dans le palais ou dans les villas de sa grand'mère, voyager ou vivre dans sa patrie sans être jamais ni rappelée, ni contrainte, ni inquiétée dans son indépendance par le prince. Un mot de moi lui a reconquis son nom, sa liberté, sa fortune, sa patrie. Pouvais-je hésiter plus longtemps à dire ce mot? Je m'en fie à toi. Prononce!... Mais non, ne prononce pas, car ce qui est fait est fait. J'ai prononcé moi-même, et si je me repentais une seule minute de l'arrêt que j'ai porté contre moi-même, je serais le plus lâche et le plus personnel des hommes. Je veux bien mourir de ma douleur, non de ma honte! . . . .

. . . .

. . . .

La veille du jugement du procès de la princesse,
mes hommes de loi ont reçu des propositions de
ceux du prince de***. Ils sont venus dans la nuit
me les transmettre, accompagnés d'un membre
tout-puissant du gouvernement. Voici les paroles
qu'ils m'ont apportées au nom de la partie ad-
verse :

« Le procès de la princesse***, dont vous êtes la
cause unique et dans lequel votre nom va retentir
et votre témoignage d'homme d'honneur sera
invoqué, va se décider demain. Nous ne vous
dissimulons pas que, malgré tous nos efforts, nous
ne pouvons envisager ce jugement sans terreur.
Les précédents, les mœurs, les juges, les familles
princières de Rome, votre qualité d'étranger,
tout est contre vous ou plutôt tout est contre la
princesse et contre sa grand'mère. Nous serons
condamnés. La condamnation, c'est le couvent à

perpétuité pour cette jeune femme que vous ado-
rez, ou l'exil sans l'espérance de rentrer à Rome,
avec la perte de tous ses biens en Italie. Vous
l'aimez, nous devons vous avertir. Voilà le sort
que vous avez fait à votre amour : réfléchissez !
Nous ne parlons pas même des flétrissures qui
vont rejaillir sur ce nom de seize ans par les
révélations et les témoignages des deux hommes
du peuple qui ont participé à l'enlèvement et qui
expient leur complaisance pour vous dans la prison. Ce nom va être jeté demain en scandale à
Rome et en retentissement à l'Europe. Elle a seize
ans ; songez combien d'années devant elle pour
sentir sa proscription et ses humiliations devant
le monde !

» La douleur, la fuite et les climats étrangers
vont bientôt user dans les larmes le peu de vie
qui reste à sa grand'mère. Quel avenir pour une

jeune femme de cette beauté, de ce nom, de cet âge? Vous la protégerez, vous l'épouserez, dites-vous? Mais y avez-vous bien pensé? Dans quel pays et sous quelle communion un magistrat ou un prêtre consacreront-ils le mariage d'une femme dont la première union aura été déclarée valide par les tribunaux de sa propre patrie? Et si la princesse Régina ne peut jamais être votre femme, quel sera son nom auprès de vous?... Qui recevra jamais dans sa maison une femme qui ne peut-être épouse et que vous oseriez produire comme concubine?... Songez ici à elle et non à vous! Quant à nous, il nous est impossible de ne pas frémir du nom que l'arrêt d'un juge prévenu et le hasard d'un jugement va faire porter demain à la femme que vous aimez plus que la vie!

» Dans cette perplexité, que les opinions trop clairement énoncées des principaux juges de l'affaire ont accrue en nous depuis deux jours, nous avons reçu des propositions des hommes de loi chargés de soutenir la cause du prince. Le prince, vous le savez, ne veut et n'a voulu de ce mariage que la fortune de la comtesse, assurée après lui dans ses descendants. Son âge et ses infirmités le rendent insensible à la possession d'une jeune femme. Il ne peut envisager sans répugnance et sans remords la triste nécessité où le jugement de ce procès le place, de jeter à la publicité le déshonneur sur le nom d'une jeune fille qui porte son nom, et qui, indépendamment de ce titre, tient de si près à sa maison par les liens de la parenté. Il ne peut hésiter à poursuivre, si vous persistez à vous placer entre Régina et lui; mais si vous disparaissez du procès, il n'y a plus devant lui qu'une enfant qu'il plaint et qu'il respecte; il jettera le voile de l'indulgence d'un père sur tout, il consentira à ne jamais revendiquer la résidence de sa femme dans son palais, il lui laissera la disposition de sa fortune personnelle, il ne lui demandera que de continuer à porter son nom chez sa grand'mère et à se séparer de celui qui a donné trop d'ombrage à l'opinion et trop de prétexte à la malignité publique. Les complices de l'enlèvement seront relâchés aussitôt que le prince aura retiré sa plainte. Quant à vous, monsieur, il ne vous demande qu'un long éloignement de Rome pour prix du sacrifice complet qu'il fait de ses droits et de son ressentiment. Rome verra, dit-il, quel est le plus généreux et le plus véritablement ami de cette enfant, de son prétendu tyran qui lui conserve l'honneur et qui lui rend la possession d'elle-même, ou de ce jeune étranger qui sacrifie à son amour la personne aimée. »

» Après avoir ainsi parlé, ils se sont retirés. Ils

m'ont prié de réfléchir seul et sans influence
étrangère à mon devoir et aux propositions du
prince et du gouvernement.   .   .   .   .   .   .

.   .   .   .

» Je n'ai pas réfléchi, j'ai crié de douleur en me
précipitant sur le pavé de ma casemate... Je
tenais deux vies dans ma main : celle de Régina
et la mienne, j'ai sacrifié la mienne !... Qu'elle
m'accuse, qu'elle me haïsse ! qu'elle me mau-
disse ! n'importe ! Tu me connais ; quand mon
devoir m'est tracé, même à travers le feu et la
mort, j'y passe !   .   .   .   .

.   .   .   .

» A l'heure où tu recevras ceci j'aurai quitté
Rome. Régina pourra y entrer. Sa famille et la
société l'accueilleront comme elle mérite d'être
accueillie. Elle sera la maîtresse de sa vie, la
grâce de la maison de sa grand'mère, l'idole de

ce pays de la beauté. Qu'elle m'oublie ! c'est
Clotilde elle-même qui le lui commande par
ma voix ! Un jour peut-être.   .   .   .   .

.   .   .   .

» Je pars après demain pour l'Espagne, où je vais
prendre du service dans un régiment de la garde
royale, dont mon oncle est colonel. Il n'a que
moi de parent, il m'appelle près de lui, il a une
fille unique. Je sais qu'il nourrit des projets d'union
de famille. Je ne pourrais aimer personne après
avoir aimé ce que la nature a jamais animé de
plus parfait sur la terre. Je m'embarquerai pour
les Philippines ; j'irai jusqu'où le nom de l'Europe ne viendra plus me poursuivre. Je perdrai
ma trace dans l'univers. Ne pense plus à moi,
toi-même ; mais pense, à cause de moi, à Régina,
et n'abandonne ni elle ni la comtesse en terre
étrangère jusqu'à ce que les deux frères de sa

mère, qui partent demain pour les ramener à Rome, soient arrivés à Genève. . . . . . .

. . . .

» Voici trois lettres pour elle.

» Ne lui remets la dernière, cet adieu suprême de moi, qu'après l'avoir lentement préparée au coup que je lui porte pour la sauver !

» Ecris-moi une ligne à Madrid quand elle sera revenue à un peu de calme, et dis-moi qu'elle ne me maudit pas éternellement. »

Le reste de la lettre contenait des recommandations sans fin sur la manière dont je devais m'y prendre pour éviter un coup trop subit à Régina.

XXXII

Je ne pus qu'approuver Saluce; tout en déplo-
rant la fatale nécessité où il se trouvait jeté de
faire souffrir le cœur de Régina en immolant son
propre cœur. Il ne l'avait pas consultée. Qui sait
si elle n'aurait pas préféré mille fois l'exil avec
lui à la liberté et à la fortune sans lui ? Ce devoir
qu'il accomplissait si cruellement était donc arbi-

traire. Il se faisait à la fois juge et sacrificateur sans interroger la victime! Et, cependant, le sacrifice était commandé par la délicatesse, l'honneur, la vertu, l'amour même! Ma raison se troublait devant une pareille situation.

XXXIII

Quand j'arrivai à Nyon, mon visage était si bouleversé de l'horrible révélation que j'avais à faire, que je n'eus pas besoin de parler. Les femmes qui aiment ont un regard qui perce tout. Avant que j'eusse dit un mot, Régina savait tout!... J'essayai de nier, de prolonger l'incertitude, de dire que je n'avais pas trouvé de lettres à Genève, que j'y retournerais le surlendemain pour y attendre le courrier de Rome. Ma physionomie mentait. Régina n'y fut pas trompée une minute. La froide raison qu'elle avait trouvée depuis quelque temps dans les expressions de Saluce l'avait à demi éclairée. Elle se précipita sur moi pour chercher sous mon habit le paquet que je m'obstinais à lui cacher. Elle le saisit, elle lut lentement la première ligne de la lettre qui m'était adressé, et à ces mots seuls : *J'ai fait mon devoir!* elle jeta un cri d'indignation et de colère comme je n'en ai jamais entendu la vibration que dans le rugissement d'une lionne!

Vilta! s'écria-t-elle en rejetant loin d'elle la lettre qui lui était adressée à elle-même sans vouloir seulement la décacheter. Renvoyez-lui son adieu, me dit-elle en italien, je ne veux rien de lui, pas même son sacrifice de sa vie à la mienne! Est-ce que je lui appartiens pour me sacrifier du

même coup que lui ? Cruauté et lâcheté! Lâcheté
et cruauté! criait-elle en piétinant les lettres souil-
lées de sable et de boue sous ses pieds. Cruauté
et lâcheté dont je ne veux pas même voir une
image ni une trace autour de moi ! Non ! non ! il
n'était pas digne du battement d'un cil d'une
Romaine! Qu'il aille aimer les filles de neige et
d'écume de mer de son pays! Plus rien de lui !
Pas même son nom, me dit-elle enfin en me lan-
çant un regard de commandement superbe et
sans réplique.

En disant ces mots, elle bondit plutôt qu'elle
ne courut vers l'escalier, monta dans sa chambre,
ouvrit sa fenêtre, et, les cheveux épars, les bras
élevés au-dessus de sa tête, elle fit, en se tournant
du côté des montagnes d'Italie, une imprécation
entrecoupée de sanglots, comme si elle avait cru
que sa voix pouvait être entendue de son amant

jusqu'à Rome, et elle jeta d'un geste désespéré dans le jardin toutes les lettres, tous les cheveux, toutes les reliques, tous les souvenirs mutuels de son amour pour Saluce. Puis appelant sa nourrice :

— Baglia ! lui cria-t-elle, va ramasser tout cela et jette-le au plus profond du lac, après y avoir attaché une pierre, pour que les vagues n'en rapportent jamais un débris au jour ! Je voudrais y engloutir les six mois d'amour et de délire que j'ai eus pour lui !

La nourrice obéit en murmurant et en s'indignant comme Régina, dont elle semblait partager toute la colère. La pauvre comtesse Livia, pâle et muette, sanglotait sur son canapé, combattue entre la joie de recrouver son enfant, tout à elle, et la honte de la voir abandonnée par son amant !

Régina après cet accès de rage, se jeta sur son

lit et resta deux jours sans vouloir paraître, entre les bras de sa nourrice qui cherchait vainement à la calmer. Je rencontrai deux ou trois fois cette femme dans l'escalier et je lui demandai des nouvelles de Régina.

— Elle reprend son cœur, me dit la Transtévérine en italien, et elle guérit sa colère par du mépris! Si c'était moi, je l'aurais guérie avec du sang!

— La nourrice paraissait regarder comme le plus sanglant des affronts la générosité de Saluce. Et quand je lui prononçais ce mot :

— Non, non, non, me disait-elle, monsieur, il n'y a point de générosité contre l'amour! Quand on s'aime dans mon pays, on s'aime et on ne sait pas autre chose. Vous autres Français, vous ne comprenez pas la vertu d'un cœur du Tibre; l'eau de votre pays délave le cœur. Un

Romain aurait ruiné et déshonoré ma jeune maîtresse, mais il l'aurait aimée jusqu'au sang !

» Je le méprise, allez ! »

XXXIV

Le troisième jour, Régina reparut enfin plus
pâle et plus calme. En me revoyant dans le jardin, elle s'approcha de moi le doigt sur la bouche, pour me dire par ce signe de ne jamais
réveiller le nom dans son oreille. Elle parut profondément touchée et même attendrie de l'expression de tristesse et d'anxiété qui avait changé

mon visage depuis ces trois jours et ces trois nuits.

— Ne vous faites pas tant de chagrin pour moi, me dit-elle en me pressant la main — et en me regardant avec une expression de sollicitude et de confiance qui disait cent mille choses indécises dans ses pensées ; sa main a arraché elle-même le trait de mon cœur, je suis guérie ! Sur le tombeau de Clotilde ce n'était pas Clotilde que j'avais trouvée, c'était son fantôme ! Ce fantôme s'est évanoui ! Non, il n'était pas le frère de Clotilde, il avait ses traits, il n'avait pas son cœur !

Puis, laissant retomber ma main et se retournant avec vivacité pour s'éloigner de moi et continuer son chemin vers le lac :

— C'est vous qui auriez eu son cœur ! dit-elle plus bas.

Le soir, elle me pria de la mener bien loin se

fatiguer dans la montagne, pour reprendre à force
de lassitude un peu de sommeil. Je lui obéis.
Nous marchâmes depuis deux heures après midi
jusqu'à la nuit tombante dans les vignes, dans
les ravins et sous les châtaigniers qui croissent en
bouquets sur les pieds du Jura.

Ses oncles, qui étaient arrivés à Genève, devaient venir la prendre le lendemain pour la
ramener à Rome par la route du Valais et de
Milan. Elle semblait vouloir prolonger le plus
possible la dernière journée qui lui restait à
passer avec moi. Elle était si jeune, si belle, si
transpercée des rayons dorés du soleil, si incor-
porée avec ce cadre merveilleux du ciel, des
bois, des eaux, dans lequel je la voyais m'éblouir
et d'où j'allais la voir disparaître ; j'étais si jeune
et si sensible à cette beauté moi-même, que si je
n'avais été défendu par deux ombres qui s'inter-

posaient entre nous (celle de***et celle de Saluce), je n'aurais pu résister à son éblouissement, et j'aurais mis mon cœur sous ses pieds comme ces feuilles tombées de l'arbre qu'elle foulait en marchant.

Elle semblait elle-même s'en apercevoir et rechercher volontairement plutôt que fuir les rencontres de regards ou de paroles qui auraient pu amener un aveu ou une explosion de nos deux cœurs. Une pénible incertitude pesait sur notre entretien. Je la ramenai jusque dans la cour de la maison, où l'ombre des platanes et des murs augmentait la nuit, sans avoir éclairci d'un mot ce qui se passait en elle et moi. Je devais partir dans la nuit. Elle s'arrêta et se retourna vers moi avant de monter les premières marches du perron.

— Est ce que vous ne reviendrez jamais à

Rome? me dit-elle d'une voix qui tremblait d'avance de ce qu'on allait lui répondre.

— Non, répondis-je, je ne suis pas libre de mes pas.

— Et où serez-vous cet hiver ?

— A Paris, lui dis-je.

Alors, me prenant pour la dernière fois la main :

— Eh bien, moi, je suis libre, dit-elle, et j'y serai !

Je compris l'accent de résolution inflexible et passionné avec lequel elle avait prononcé cette espèce de serment intérieur de nous revoir.

— Non, lui répondis-je, n'y venez jamais.

— J'irai, dit-elle.

La soirée fut triste et silencieuse dans le salon de la comtesse Livia, comme entre amis la veille d'une séparation éternelle.

L'hiver suivant, je reçus à Paris un billet de Régina qui m'apprenait qu'elle venait d'arriver avec sa grand'mère, qu'elles étaient descendues, sous la conduite d'un des oncles de la jeune princesse, à l'hotel de***.

Nous nous revîmes à Paris.

FIN

POISSY. — TYP. ET STÉR. DE A. BOURET.

www.ingramcontent.com/pod-product-compliance
Lightning Source LLC
Chambersburg PA
CBHW070628100426
42744CB00006B/626